用旅行
创投孩子的
未来

林静宜
Lin Jingyi
著

河北出版传媒集团
河北科学技术出版社

旅行是生命中一场场遇见,熙来攘往,也许,一不小心,就注定了未来!对孩子而言,旅程最难得的,就是能看见另一个自己——原来,我也可以!

心胸和眼界的开阔、学会理解和包容,这些都是在旅行当中最珍贵的收获。

静宜本身热爱旅行,也常和朋友们分享旅程中的点点滴滴,温馨美好。

这回,连下一代都照顾到啦!

跟着她的脚步,看看怎么投资家中未来的"绩优股"!

——李秀媛(台海两岸名节目主持人)

我们常常梦想着要增加自己的财富,却忘了子女才是我们最宝贵的资产,如何用旅行"创投"孩子的未来,增值两代人心灵与物质的富裕,相信静宜的这本书必能给你新的启发。

——阮慕骅(名财经专家)

因为爱及勇敢而带着孩子去自助旅行,意外开启了静宜老师的写作生涯,也开启了一段新鲜、有创意、冒险的人生。

想必是静不下来,想到更宽广的世界汲取更多的养分,帮助周遭人有美好想象及想望;于是静宜老师一本又一本的写下去……

这本书字字珠玑,是极好的知识宝库——不论阅读对象是谁。

这才发现世界处处是学问,原来可以不必自己走透透,有用心聪慧的作者,也可以让人收获满盈,我特别以这样的感谢回馈给静宜老师。

——赵雅铃(台北市成洲高中校长)

推荐
Recommend

　　这是一本大多数人都应该看的好书。作者是一位极具创意的教育工作者，喜爱旅游，以眼遍览世界各地风貌，用心欣赏奇妙的各地人文。本书中，作者精心规划全家一场场的欧洲风土民情自助旅游，带着孩子体会不同城市的风貌和农庄小镇的温馨友谊，藉由行万里路，和读者分享跨越东西文化学习与教养的故事，让我们了解——教养孩子，旅行也是一种绝妙的方式！

——曾文龙（台北市内湖初中校长）

　　我自女儿两岁时就背着她去欧洲旅行，周围人都说是浪费钱，小孩怎会有记忆？我说，这时期不是要给小孩记忆，而是给父母回忆。

　　我们与林老师都很幸运，有支"股票"让我们投资，初始由大人规划行程，小孩渐长就共同参与，再长则分担一部分工作。藉由旅行的潜移默化，培养出开放的胸襟与视野，这是给小孩无形的资产，行万里路后进而成长为"绩优股"，这是长投而非短线。

　　因为我们都热爱旅行，也都是一起带着小孩旅行，故有共同语言。借由林老师新书《用旅行创投孩子的未来》的发表，仿佛实现了自己想做而没达成的愿望。

——林凤声（欧洲自助旅行充电站站长）

目录 Contents

女儿序：我曾听闻 /001

自序：放眼天下，创投孩子的未来 /007

第1章 都是因为自助旅行 /017

  我没有虐待儿童   018
  女儿开始写小说   024
  自愿学，功夫深   029
  一定要让孩子当一回背包客   032

第2章 五岁——开始自助旅行 /035

  飞机里的密室   036
  特卡波湖的好牧羊人   039
  高空弹跳的发明   049
  母女俩的超级巨大卡车之旅   052
  皇后镇上刺激多   055
  新西兰的羊跟牛都吃草   058

目录 Contents

基督城的回忆	061
细菌不会游泳	064
我爱威士顿 Cable car 的助理小姐	067
孩子爱 Te Papa 博物馆	069

第 3 章　八岁——英国 31 天之旅 /071

住在爱丁堡旁的城堡里	072
拍照搞创意	076
威尔斯的高山火车与出租车	078
伦敦的双层巴士	082
湖区的有氧健行	085
妈妈我们赚到了	087
戏说康桥	090
莎士比亚的故乡	092
在切斯特，差点错过的古城墙	094
在苍穹岛不可奔跑	105
笨的不是大笨钟	111

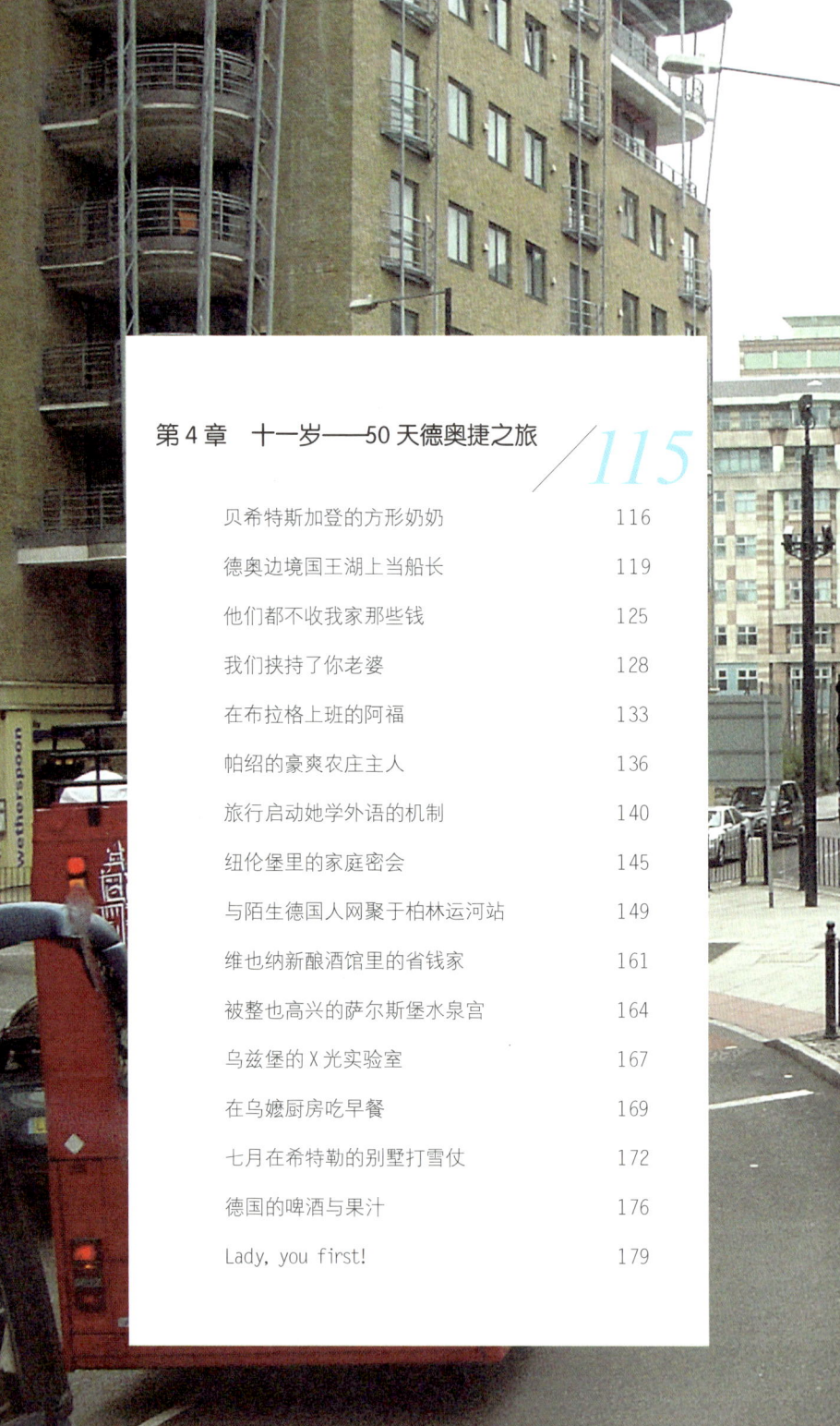

第 4 章　十一岁——50 天德奥捷之旅 /115

贝希特斯加登的方形奶奶　　116

德奥边境国王湖上当船长　　119

他们都不收我家那些钱　　125

我们挟持了你老婆　　128

在布拉格上班的阿福　　133

帕绍的豪爽农庄主人　　136

旅行启动她学外语的机制　　140

纽伦堡里的家庭密会　　145

与陌生德国人网聚于柏林运河站　　149

维也纳新酿酒馆里的省钱家　　161

被整也高兴的萨尔斯堡水泉宫　　164

乌兹堡的 X 光实验室　　167

在乌嬷厨房吃早餐　　169

七月在希特勒的别墅打雪仗　　172

德国的啤酒与果汁　　176

Lady, you first!　　179

目录 Contents

第 5 章 全家移动省钱有方法 /183

趁年幼机票省钱法 　　　　　184
亲子几大包，租车轻松一下 　　186
火车通行证票价跟年龄有关 　　189

女儿序

我曾听闻

——如何记述刺目的往事,让曾经错过的完美二度鲜明?

文 / 李宛千

旅行能带给我什么?在我只有五岁的时候就去了新西兰,当时的我没有想过这个问题。

旅行,是一种安静的修行,默默体会背包的沉重和心的轻盈;感受微风吹干汗水,带着青草的味道;且看繁华壁画,信徒闭目祈祝,此时只有心能说话,说不尽虔诚甚或依恋;只是天将暮时,偶见一盏充满异国情调的煤气街灯,昏黄中点燃淡淡乡愁。

还记得那一夜曾在苏格兰外海的苍穹岛海滨漫步,海面微颤的波涛覆盖着银白月色,宛若浮动的丝绸烟笼于宁静幻梦，厚实而虚无，不知映照谁的灵魂。

海水拍岸之声稍微零落。不见船帆，苍茫悠远。尽管相关记忆全都模糊，那片深沉静默的海水是我永生向往的湛蓝。

我们在不知不觉中就长成大人，人群太纷扰，光阴太嘈杂，但是等待过卢浮宫前的晚霞，等待过浪打上象鼻岩的一刻，等待过新天鹅堡的完美光影……方知能够用相机烙下永恒的画框不是理所当然，旅行让我学会用一双有情的眼睛诠释风景，这双眼睛让我看见、珍惜每一瞬动人光景。

五岁那年，我经过举世闻名的米佛峡湾，乘车经过那条号称全世界最美的公路，却因为前一天观赏萤火虫而疲倦得全程昏睡，醒着的时候也只在意飞进车内的绿色小蚊。

八岁那年，我曾经过全球数亿"哈迷"疯狂梦想的国王十字火车站，然而当时我从未听闻九又四分之三月台，只为了多看一眼有着奇异颜色的鸽子而和我今日梦中憧憬的圣地擦肩。

逝去的就像过眼云烟，十六岁的我蓦然回首，才知道我的母亲给我的赠礼如此丰厚，太过慷慨，甚至让我在懵懂中挥霍；旅行的范围之广，甚至让我将地理课本上的每张照片细细看过，因为觉得可能会在其中发现我的身影。

我曾懊悔前两次的旅行来得太早，新西兰是最伟大的地理教室；大英帝国是最古老的王权，甚至曾经统治过半个地球。而当我穿梭其间，用我微观的目光、过低的视线高度去打量这些的时候，竟只是侧身而过、点头致意……我多么希望回到那个当下，将不满一百公分的自己举到肩上，告诉她："你现在所在的这一刻是世间唯一，所看到的这一切是无与伦比。"

但是在成长的路途上，我渐渐明白我看到的世界和别人是不一样的，我的世界远比很多同袍宽广许多，我肤浅目光中的奇幻世界，是这些旅途中的脚印交叠而成的。而母亲不惜以最大的机会成本换取这些。

当我听见布拉格罗瑞塔教堂的钟声轻轻从山间小径飘出，由远而近的福音甚至还带着清新的水气，灵动却有力，恍见前世——才幡然醒悟，所谓信仰不分东方西方，行者无疆，信者亦然，只是一阵温煦的微风，照看子民，吹干泪水；就像一道溪流，坚定无语，超然清澈。

十一岁那年，我站在查理士大桥，忽然警觉自己正站在屹立数百年的建筑之上，我很害怕。

晨光仍是千年之前的晨光，日复一日地洒于石像，长空一碧，浮云涌动；月色仍是千年之前的月色，夜复一夜地披上桥面，星光如水，满地盈璨。

晨光不老，看不尽朝代兴衰胜败；月色悠悠，涤不尽千古爱恨荣辱。今人如我，只是贪恋温存，历史的影子太厚重，难以剪裁，只有堆叠。逝者已无从追悔，留下不胜唏嘘的后人，伫立在桥上，逆光，看不清脸色……感慨之余没有漏听澎湃水声，如历史在我脚下喧哗。

感动来得越果决深刻，越害怕自己忘记，该怎么让此刻的颤抖永远鲜明？

就像升上高中之后八百公尺长跑总是倒数的我，该怎样努力回想起十一年前在新西兰的那片草原全力奔跑，就算跌倒、吃进青草和泥土仍不改其乐的欣然？

我曾经在大笨钟底下听过全世界最标准的钟声。距今经过几个整点？然而我奋力回想只剩一片模糊。

十五岁这一年，我要整趟旅程都全神贯注。

为马特洪峰山脚刻在墓碑上的一句"I chosed to climb"猛然震撼；为亚维农的街头艺人喝彩；为比萨斜塔百年的倾斜胆战心惊；为威尼斯曲折的河道晕头转向而又尝尽甜美。

谛视蒙特维尔冰洞千万年化作一秒的定格。

谛视罗马的万年斜阳，千年古城，百年老街，一瞬光影，绝对缠绵，好不委婉……然后我懂了——最可贵唯有当下丰美，最灿烂唯有此刻餍足。

回忆构成梦想，梦想构成生命，不在于是否清晰，而在于你对这份回忆的感情，在于你曾多么全力以赴地在其中获得快乐直至筋疲力尽。

然后此时再度观看这个世界，就会发现所有飞转的思绪都终归于辽阔与感动，身于市井而胸怀千里，心灵的高度让一个人不被楼厦淹埋，轻松地看见蓝天，与全球的心跳同步。

终是姹紫嫣红看遍，就算岁月硬是要模糊记忆的容颜，翻飞的往事或许刺痛双眼，仍可以傲然回眸——我曾听闻。

自序
放眼天下，创投孩子的未来

大家知道我是爱好自助旅行的老师，一开始都猜我可能是很有方向感的地理老师，或是外文能力好的英文老师，其实旅行跟任何一门学科都息息相关，所以我觉得不管是谁都适合自助旅行，唯独方向感不好的人比较不适合，但本人是个例外。

我是个方向感奇差的人，到底我是吃了什么万灵丹，让我这名傻女子，可以带着一家子从新西兰一路玩遍英国、德国、捷克、奥地利、意大利、瑞士和法国，总计一百五十八天的四趟长途旅行？

是为了寻访皇后镇上高空弹跳的发源桥与桥上的美丽夕阳？还是为了游览富丽堂皇的凡尔赛宫？或是为了壮观的马特洪峰？抑或是想了解古罗马竞技场上猛兽与犯人的竞技历史？

异国一抹夕阳的斜照与当地的故事，不断触动我内心浪漫的旅行基因，每一趟长途旅行带来的收获，都激励我开启一趟又一趟的新旅程，也让我对计划旅行更有信心。因为我盼望人人都能获得这帖旅行妙药，每回谈到我的旅行见闻时，我也会毫无保留地将所有经验和知识分享给每位读者和听众。

旅行的经验弥足珍贵，当我们站在梵高（凡·高）最后结束自己生命的小房间里，感受他当时创作的心境，对照他在巴黎奥赛美术馆里的自画像，或是挂在伦敦国家美术馆的向日葵画作，仿佛在听梵高诉说着故事。这些长期积累下来的故事，不是看一本书或是修一门课就可以了解透彻的。

透过旅行积累了近十一年的时间和经验，让我有足够的自信出书，并且在电台与电视节目中分享我和孩子透过旅行的成长，原来我跟女儿都有未开发的旅行潜能、摄影美感……旅行更能创投孩子不容小觑的国际视野。

旅行所付出的时间、每一笔旅费、每一步旅行的足印，都是我们的投资，而这项投资所带来的丰硕成果则是激发了我们潜在的顽强能力，即使在旅行之初我们未能立即发觉，但多年的堆叠之后，其间的改变却会慢慢展现出来。只要你品尝过旅行的甘美，保证会跟我一样，对旅行欲罢不能。

所以在一次次的成就感激励之下，虽说旅行自有其冒险性，但我要提醒大家的旅行注意事项却只有一个，那就是，小心上瘾喔！

川流不息的旅人无意间点缀了彼此的生命。

虽然我们不曾攀登于山雪中的棱线,但至少我们目睹过。

因为太多丰厚的汲取而需要把握每个片刻的停顿以补充续航能量，虽心疼，但也欣喜。

用岁月和足迹堆积的美好事物正是女儿想象力与美感的材料库。

十五岁于意大利的五渔村火车站,女儿埋首编织自己的小说情节。

孩子,请记得这一刻。

女儿调皮的时候，我们立刻按下快门就对了！

肢体语言总是能轻易胜过语言描述。

家里明明没有电视,这种姿势到底是从哪里学来的?

第1章

都是因为自助旅行

CHAPTER

我没有虐待儿童

我是一个骑摩托车到住家附近闲晃,还需要打电话回家求助"我迷路了,急需救援"的大路痴。

好动的我,是遗传父母爱旅行的基因长大的,但是想拜托老公带我和女儿出国自助旅行却是不可能完成的任务。

老公看扁我这个迷糊、没方向感的老婆,不可能独立规划国外的自助旅行,索性放手让我"胡搞瞎搞"。俗话说:"天公疼憨人。"我一手搞定了旅程中包含租车、订房、订机票、订火车票、买歌剧院票等大小事,连女儿的护照拍照、各国签证等都独立办妥了。

"为母则强"的我,希望能借着旅行教育女儿,因为世界是最大的教室,到世界各地游览就是女儿的学习课程,我认为旅行可以激发孩子的学习潜能,于是,我让旅行的愿望一点一点成真了。

想要筹划一个完美的旅行就像筹划一个完美的婚礼,需要很多时间和心力。长途旅行最基本的规划就是计算开销和搞清楚地理位置,但计算和方向感都是我这个迷糊虫的弱点,我只好勤能补拙地缓慢规划旅行。

每天下班后,我就一头栽进旅游网站与旅游书籍中,顾不得家事,连女儿都被我冷落,好几个月过去了,女儿都快变成没有妈妈的小孩,我这才想到,不如让她也参与规划旅行!身为老师兼母亲的我必须先吸引女儿对旅游的兴趣,若成功引起她的兴趣,女儿应该可以帮上不少忙。

我告诉女儿,要带她去有很多可爱企鹅的地方,我拿出企鹅的图片给女儿看,滑稽地学它们一摇一摆地走路,还买了企鹅的图画书给她看,甚至让女儿听各种企鹅的声音,女儿睁大眼睛,一脸好奇,似乎很喜欢这群穿着黑白西装的动物。

"要跟爸爸妈妈一起去找企鹅吗?"

"要去!要去!一定要带人家去!"女儿点头如捣蒜地回应。

"可是妈妈一个人安排行程好累,你能帮忙吗?"

"人家不认得字,怎么帮忙?"

"你可以用画画来表示,或是用图画做记号呀!例如:把你每天醒来后,会用到的东西画下来。"女儿很爱涂鸦,我立即给她指引。

天真的女儿马上画出一层一层的奶粉盒子,可见她很怕饿肚子。

"我到底要带多少层装奶粉的盒子呀,妈妈?"

"你先画三层,这样我们就不会忘记带了,等我们决定要去几天再看要带几层,其他要带的东西你继续画下来,妈妈去忙别的事。"

之后的日子,经常看女儿趴在书房的地板上,若有所思地涂鸦,不敢打扰认真盯着电脑屏幕、翻阅旅游书籍的我,因为我说过:"如果妈妈不能专心,旅游计划可能会一直延后,要很久之后才能看到可爱企鹅,那就太糟糕了!"

后来女儿用图画表示的项目包括钱、拖鞋、衣服……看来平常在国内的小旅行,女儿都没闲着,她很清楚旅行该带些什么。

我让女儿看了几间Motel（汽车旅馆）的照片，又告诉她户外通常会有的Playground（游戏场），诸如弹跳床、秋千、沙堆等，都是她爱玩的设施，女儿听了很高兴。

"但你得学会自己洗头发、洗澡，还要洗袜子和洗小裤裤，洗完才能出去玩。"我趁机要求女儿学习自理。

"为什么？"不到五岁的女儿抗议。

"妈妈要整理行李，还要准备晚餐，负责开车的爸爸要研究地图和开车路线，我们在忙的时候，你就要学着自己洗，除非你不想去！"

"好吧，我自己洗就是了。"虽然不太甘愿，但女儿同意了。

刚开始，我先教女儿试水温，如果她做对了，我会在赞美中加上一些建议，像是："你做得很好，但要记得每次试水温的时候，要先放冷水再放热水，才不会被热水烫到。"

女儿刚开始学的时候，洗发液、沐浴乳或是洗衣粉的泡泡一定会冲不干净，但我会鼓励她洗净泡泡，教她的过程虽然琐碎，甚至要花很多时间，但是孩子会一次比一次做得更好！千万别小看这些事，让孩子自己洗澡或清洗衣物，正是训练孩子学习自理的机会。

很多妈妈去学校接送小孩都会帮小孩拿书包，但自女儿两岁半开始，我去托儿所接女儿，就从不帮她拿书包。起初是为了让她有保管自己物品的责任感，后来是为了旅游计划，女儿才四岁多，我便要求她帮忙拿东西，因为旅途中，每个人都应该学着互相帮忙。

让小孩学习凡事自己来不仅让大人更省事，也能让小孩融入每一趟旅行，所以我很坚持要让女儿自己拿个人物品；就连出门散步练腿力时，我也刻意让女儿背着装有一两罐水的小背包。

后来我们在新西兰旅游的一路上，女儿都没有要求我们帮她拿任何东西，即使累得快睡着了，女儿还是坚强地跟着大人走着，一坐上车才倒头呼呼大睡；当她升上小学、初中的时候，早已习惯天天背着装满课业压力的沉重书包。

我们在英国、德国、奥地利和捷克的长途旅行时，女儿也都自己背行李，这样的磨练，是来自我这位热爱旅行的妈妈，而每一趟的自助旅行，都造就了女儿在生活上的独立与自主，也让我们顺利完成每一次旅程。

我想，你应该不会说我虐待儿童吧？

女儿开始写小说

还记得第一次在新西兰自助旅行时,我准备了好多当地的故事,每次在景点前叙述这些带有历史和神话色彩的故事时,我都可以感觉得到女儿的心灵受到不小的冲击。这些故事深深吸引着她,并且带领她到一个个充满想象力的世界。

有次在新西兰特卡波湖畔,说完故事后,我要求女儿在美丽的湖景前,向守望这片美景的神灵说一些感谢的话,只见五岁的她虔诚地凝视着丝绸般的湖面,低着头,闭上眼睛说了声"谢谢",我可以感受到女儿对大自然的敬意,也很庆幸自己能激发五岁的女儿对美好世界的观察与体会。

女儿八岁的时候,造访英国的湖区,湖区是彼得兔的故乡,也是作家波特小姐的灵感之地,美不胜收的景色和当地的故事再次深深吸引着女儿。

我并不着急介绍八岁的女儿阅读当时正流行的哈利·波特，但从英国回台湾几年后，女儿竟惋惜地说："那时根本不知道谁是J·K·罗琳，否则一定要去车站的第九又四分之三月台撞一下墙壁，再买旁边为书迷准备的创可贴贴额头。"

有次新闻报道，J·K·罗琳曾在我们旅行去过的爱丁堡对着千万书迷朗诵她写的哈利·波特，女儿看着新闻露出欣羡的神情。

俗话说："读万卷书不如行万里路。"女儿透过旅行的见闻，对现代与过往的人事物，有了深刻的认识及解读，而这些都是从书中无法获得的珍贵体验。

经历两趟长途旅行之后，女儿在小学通过资优班鉴定，当时一位资优班的资深老师告诉我，女儿在语文方面的资优程度是一般资优生所不能及的。

虽然我与老公都是老师，但我家对于孩子的课业采取放任教育，小五前女儿的段考日期我从没记得过。我们甚至刻意不在课业上对她做强制性的督导；另一方面，女儿知道，如果拿一道数学题问爸妈，爸妈会啰唆地将题目重新审视理解，花很多时间在更多题目上，所以急性子的女儿宁可自己搞懂，也不愿请教我俩。

而且，妈咪都在忙着准备旅行行程呀！

我家的第三趟长途旅行是德国、奥地利、捷克五十天之旅，一年后女儿升上小六，并获得临近私立初中数理资优班的录取，我相信女儿的优秀来自于旅行。

德、奥、捷的五十天之旅，女儿的所见所闻更加多彩多姿：修道院如何以酿酒与出版业维生？高贵庄重的王公贵族为什么要建造各式喷泉对宾客恶作剧？德国人为什么注重英文？捷克人动不动就投降，所以才保存了很多古迹？欧洲人如何落实环保？观光客会制造偷窃的商机？这些知识与见闻都是学校学不到的。

九年级（初三）上学期，女儿在乎的不是模拟考成绩，而是一本七万字的小说。她盼望能借由这本小说——《逆流神曲》系列故事中的第一集跻身作家行列，所以她拼尽全力地在基测倒数百日之前完稿，再全心冲刺人生第一个大考。

仔细想来，女儿开始写作，也是旅行中的视野给了她创作的灵感。旅行为写作提供了很多养分，美景所激发的想象力、对风土民情的感受和旅行中发生的趣事等等，都让女儿从这些养分中锻炼出独具风格的文笔。

初中毕业的女儿已经十六岁，我送给她最好的毕业礼物就是意大利、瑞士、法国的五十六天长途旅行。

途中我们到过瑞士的滑雪胜地——采尔马特，游览秀丽的少女峰景色；到过法国，触摸霞慕尼的千年冰河，壮观的景色搭配老餐馆的勃艮第红酒炖牛肉真是一绝；也去了意大利的城市翡冷翠（佛罗伦萨），参观了圣母百花大教堂，教堂仿自古罗马神殿的圆顶和富丽的装饰、雕刻，赢得了女儿的赞赏；然而女儿在意大利首都罗马观光的时候，雄伟的古建筑，让女儿不禁说："最喜欢的城市是罗马。"

住在法国巴黎公寓的日子，是一段令人回味无穷的旅游时光，我们参访了巴黎圣母院、卢浮宫等景点；而在女儿心目中，此时浪漫多彩的巴黎地位超越了罗马，擢升为她最喜爱的城市。

每一次的旅行，我都花尽心思地为孩子安排许多深刻难忘的行程，希望她可以从旅游中增广见闻。旅行产生的效益绝非只存在于旅行当下，而是即使经过多年后也都能持续不断地发酵着，所以我说，旅行是无价的好活动。

十六岁的女儿考上北一女之后，发现学校里的资优生很多，不晓得其他家庭怎么教出资优生？但老实说，如果不是带着女儿旅行，平庸的我恐怕教不出我家的资优生呢！

自愿学，功夫深

身为老师的我，从很多学生的身上，深深体会到，如果所有的学习都出于自愿，就没有任何事可以阻挡他们学有所成了！

很多父母为了给孩子"最好的"教育环境，辛苦地询问探访孩子该去哪间才艺教室、该学什么语言，或是该向哪位名师学习。虽然父母都期盼子女将来可以有一番成就，但子女的成长不该只按照父母的期望而走。

对于揠苗助长的故事耳熟能详的我，也曾担心自己的孩子输在起跑点上，直到我发现让孩子自愿学习对孩子更有效益后，我就改变了原先的教育方式。

十多年前，我砸下十二万元，购买了一套迪斯尼语言学习的工具书，除了书之外，还包含了CD和DVD。当初买来是希望孩子可以增进英语能力，然而昂贵的语言学习工具书购买之后没多久，便闲置一角。没有积极使用,积满灰尘的工具书对女儿的英文能力当然帮助有限,受到教训的我,不再让女儿去补习任何跟英语有关的课程。

值得庆幸的是,女儿的英语听力还不错,发音也很标准,这都要归功于我的秘密武器——旅行!

女儿的英文学习启蒙于五岁的时候,当时我们在新西兰的北岛旅行,一路上经常有陌生人跟她说:"哈喽。"

我听不懂那些陌生人在说什么,反正也不是对我说的,就没有多留意,直到全家旅行至新西兰南岛,女儿才问:"妈妈,他们都会跟我说'Hi Guy','Guy'是什么意思?",这时的我才意会过来,原来人家是在跟她打招呼,意思是:"哈喽!小家伙。"

然而,两年半后的英国之旅,意外地打击了女儿的英语学习意愿,正确来说是我被打击了,因此造成女儿抗拒学习英文。当时是我们到达英国的第二天,从伦敦来到莎士比亚的故乡史特拉福,在我们全家住进民宿的三天当中,我不断被民宿老板娘纠正英文文法和发音。

有一天,我在早餐餐桌上说:"yesterday,when I

get up……"话都还没说完就被老板娘打断,她严肃地说:"got up!"

看着一脸搞不清楚状况的我,老板娘不仅讲得更大声,还加重语气并且字正腔圆地重复说:"yesterday you got up!"

几次下来,让我不太敢开口说英文。八岁的女儿,也被民宿老板娘的语气吓一跳,所以她对说英文产生了抗拒心态,我不禁酸酸地想,已经说了"yesterday",为什么还要严格地区分"get"或"got"呀!

幸运的是,女儿十一岁的时候,经历了德国、奥地利、捷克五十天之旅,旅途中曾与一群德国人同行,这个同行的经验使得女儿自愿学习英文。

如今,女儿越来越喜欢英文,也学得越来越好;可见自愿地学习,才能发挥学习的成效。

所以,我说:"自愿学,功夫深。"

一定要让孩子当一回背包客

女儿五岁时,我们在新西兰的奥克兰机场,第一次看见传说中的背包客,一群来自欧美的年轻人背着高出自己头顶的巨大背包,除了背包里基本的衣物和日用品,还带了睡袋、帐篷,甚至还在背包外面挂着锅碗瓢盆。我曾借其中一个人的背包提提看,哇塞!使尽全身力气竟然还提不起来。

这群来自欧美的背包客凭着自己的力量完成长途自助旅行,无形中也养成了独立自主的性格,乐观面对旅途上的任何难题。他们刚柔并济的精神,给了我"一定要让孩子当一回背包客"的启发。

在布拉格城堡区的教堂广场前,我和女儿看到一个金发女生从大背包里拿出一张 A4 大小的纸,她把纸平铺在地上当作料理台,就地做起三明治。她做好三明治后,盘坐的姿势并未改变,而最吸引我和女儿目光的是,金发女生一边吃着她的午餐三明治,一边用专注的眼神凝视着远方的古建筑。

古人说:"无欲则刚",这些年轻的背包客,他们对旅途中衣、食、住、行的享受一无所求,反而专注于旅行中的见闻收获,仅以简单的装备与坚定的决心,靠着双脚就到达想去的地方,这样的心性令我为之动容。

反观现今社会上抗压力薄弱的大人和小孩,让我不禁思考,要给孩子什么样的磨练,才能让她豁达地克服万难?

"让孩子当一回背包客吧!"

很多欧洲父母会为孩子攒下一笔自助旅行的基本费用,善用这笔钱,可以在旅行中获得很棒的人生经验。这是一个不错的教育方式。

我和女儿虽然不像那群背包客高手过着风餐露宿的生活,但我们还是有着背包客的精神,简朴地环游各国,偶尔享受美食;最重要的是,还陪伴女儿成长。

背包客,没有年龄限制;旅行,那是一定要的啦!

第 2 章
五岁——开始自助旅行

CHAPTER

飞机里的密室

与女儿的第一次旅行,是挑战飞到远在南半球的新西兰。坐上飞机后,我一直留意女儿的反应,务必要让她爱上飞机里的一切,而不要恐惧搭乘飞机。

飞机上,有很多引导女儿学习新事物的机会,例如:教女儿如何将小桌子从前面座位的椅背上放下来,还有阅读灯的开关如何使用;如果飞行时间很长,我便拿出预先准备好的蜡笔让女儿画画,或是拿一些飞机上提供的旅游杂志给她看,再配合杂志说些当地的故事给她听。

飞机的餐点送来后,我会陪女儿玩扮家家酒,借机教她一些点餐会用到的英文会话,并让她练习按钮呼叫空服员,向空服员点些吃的喝的。如果玩累了,就尽量哄她睡觉;若错过在飞机上的用餐时间,便先用塑料袋装一两样食物,如果女儿醒来肚子饿,就可以拿出来给她吃。不过要特别注意的是,新西兰可不能携带食物入境哦!

女儿醒过来时,我会问她:"Do you want something to drink?"(你想要喝点什么吗?)

女儿很机灵,她高兴地按钮呼叫乘务员前来点饮料,来到身旁的空姐多半会面带笑容,仔细聆听她说的话,无形中也增进了女儿的语言能力。女儿总是张着圆亮的大眼,雀跃不已地期待着自己刚刚点的饮料!

对于一个没有搭机经验的小朋友来说,飞机里有一个最容易让孩童受到惊吓的地方,那就是厕所。

拥挤的厕所里,有瓶瓶罐罐的乳液、刮胡刀和香水,还有超强吸力的马桶,我会以"一个神秘好玩的地方"作为开头,带女儿去厕所密室冒险。

到了厕所密室,我先解释卫生设计的使用方法,并且在冲水之前先提醒女儿,免得被抽水马桶突如其来的抽吸声音吓到;我甚至将马桶比喻为厉害的机器人,可以将便便一秒钟变不见。

不要小看这些提醒,带着孩子出门在外,要尽量让孩子放松,不要对陌生事物感到害怕,才能让孩子尽情体验旅行见闻。

飞机上的厕所通常是又小又挤的地方，大人不觉得舒适，但是对于一个孩子而言，飞机密室倒是很好玩又有安全感的"所在"呢！我还得规定女儿不可以进飞机厕所太多次——因为她每隔一段时间就问我："妈妈，我好想再去密室玩一下。"

自从女儿出生后，我便刻意培养她关灯即睡觉的习惯，每次在飞机上熄灯后，女儿就会觉得困倦，加上小小的座位让她很有安全感。因此，女儿一路上都没有时间差问题，飞机抵达目的地后，女儿比大人们还有精神呢！

所以说，带小孩出国，不要怕麻烦，只要做足准备，一定可以玩得很开心！

特卡波湖的好牧羊人

"到一个很美很美的地方，一定要轻声细语，心怀敬意地观赏风景喔！"

"为什么？"

"因为那里住着神仙呀！"

"妈妈怎么知道？"

"你想，神仙比我们还要有智慧，那么像仙境的地方，神仙当然会先发现，他们从很久以前就住在那里了，所以，我们不能发出噪音干扰他们，如果我们很尊敬他们，神仙就会让我们在这里观赏美景。"

好问的女儿，在如丝绸般的特卡波湖前，坚信这个湖就像妈妈说的一样，是住有神仙的地方。我们停留在此地好几个小时，她一直安静无声，谦逊地跟在我身边，因为她确信，没有比这里更美的地方了，她要把握机会好好欣赏这里的美景，不遗漏任何一个角落，毕竟她不好意思常来此打扰神仙呀！

为了让女儿能用"心"体会这里的环境,到达特卡波湖之前,我就跟女儿说了湖畔教堂与忠狗雕像的真实故事,那是新西兰南岛的特卡波湖众多故事中,最令大人和小孩感动的,关于忠狗 Friday 跟他的小主人麦肯奇的故事。

Friday 是小男孩麦肯奇最忠心的狗朋友,麦肯奇很穷,常常三餐不继,但他却是个孝顺乖巧的小男孩,为了帮家里赚钱,麦肯奇与 Friday 负责照顾大批偷来的羊,把羊养大之后,再送到市场卖掉。但是这件事被人发现,小男孩因为偷窃罪被判刑十年,瘦弱的他撑不到两年便在狱中去世,而自从麦肯奇入狱后,Friday 则是忠心地守候至死,他的忠心感动了很多人。

人们虽然谴责麦肯奇偷窃的行为,但也很同情他的遭遇,并佩服麦肯奇勇于开发新土地的聪明才智,以及 Friday 的忠心耿耿。

这个故事令闻者动容,于是人们将麦肯奇养羊的山谷,取名为麦肯奇峡谷,并在特卡波湖边,盖了一座教堂,就叫 Church of the Good Shepherd(好牧羊人教堂),教堂旁边还设计了 Friday 的雕像,以纪念这对共患难的好朋友。

虽然教堂与我们的合影已成过去,但是我们在教堂前开心驻足的回忆,却永远不会遗忘。

园方贴心地准备奇异鸟模型,让孩子近距离接触。

以有如丝绸般的特卡波湖为故事背景，让女儿谦卑地缅怀好牧羊人的真、善、美。

进入 Te Papa 前,
女儿就开始玩起来了。

一定有小孩成功看见这种"神奇幻灯片"的。

那时在山顶需用姜汁汽水提神的孩子必料想不到回城时会有一生难忘的鸣笛经验。

路旁壮阔美景竟让女儿油然生起呵护大地的真心。

用旅行
创投孩子的
未来

高空弹跳的发明

我常常跟女儿说故事,希望可以借由故事背后的意义教导女儿,让她知道艰难的时候,一定会有新的转机,不要轻易放弃。有一位年轻人,他对爱情非常地执着,在单恋得无法自拔的情况下,找来知心好友陪伴,并百般寻求最壮烈的自杀方式,他想用生命证明自己的爱。

有一天,他们走到一座被夕阳点缀得迷蒙浪漫的桥上,痴情的男子认为此处是最恰当的自杀地点,他决定从此桥跳下。他心想,这里的景色这么美丽,伊人会记得壮烈牺牲的自己吧!于是,为了以最完美的姿势死去,他决定先彩排一下。

在好友的协助下,年轻人用绳索绑住双腿,然后一跳而下,重力加速度的作用之下,他急速往下坠,不到数秒的过程中,他脑海里的回忆有如幻灯片一般,快速在眼前一张张地播放出来。被同伴拉上来之后,这位失恋的年轻人一反多日来的颓废和绝望,决定积极面对人生,他还不断劝好友也跳跳看。

好友跳过之后,两人产生共同的体验和感想,求死的年轻人了解到生命的可贵,决定好好地享受生命,从此之后,不止去除为情所苦的烦恼,这对好朋友更成为高空弹跳的创始者,并因此变成巨富。

女儿来到故事的发源地,故事的内容深深吸引着她,于是她提出高空弹跳的要求。我原先是希望她能了解生命不能重来的宝贵,没想到她竟想知道,纵身一跳到底会让人看见什么样的幻灯片景象。

"你年纪太小,幻灯片没有几张可以看啦!"

"还是可以看一下呀!"

"风很大,你太轻了会被吹走!"

"妈妈不是说高空弹跳很安全吗?你在基督城也曾被飞机载到高空玩 Sky diving(跳伞),从一万两千尺高的地方跳下来,自己玩却不给我玩。"

我知道哄骗已不能阻止女儿玩高空弹跳的想法,我后悔自己说出高空弹跳的故事,还大胆地玩过高空跳伞,结果造成女儿也跃跃欲试。想了一会儿,好不容易我才想到另一个比较合理的说辞。

"你看绳子的绳圈要套着脚踝才能绑住,你的脚踝这么细,一定绑不住,你可能会直接撞到溪里的石头,然后流很多血!没有小孩在玩高空弹跳的,所以你也不能玩。"

后来女儿拉起裤子,露出脚踝,她仔细地比对着高空弹跳用的绳索,并且盯着每个从桥上掉下来的人,一个也不放过。因为如果被她看到有和她一样年纪的小孩去玩高空弹跳,我就真的没理由反对了。

母女俩的超级巨大卡车之旅

新西兰有一个世界奇观被称为萤火虫洞（Glowworm Cave）。这种萤火虫的洞穴，在新西兰北岛的怀托摩（Waitomo）和南岛的蒂阿娜（Te Anau）各有一座。

我选择去怀托摩看萤火虫，因为当地不只有萤火虫洞穴，还有刺激的黑水漂流可以体验，如此一来，其他伙伴们可以去参与黑水漂流的行程，而不适合漂流活动的五岁女儿，与不会游泳又怕水的我，就来趟只有我跟她的萤火虫洞探秘之旅。若其他伙伴也想观赏萤火虫，可以到南岛时再去蒂阿娜观赏。

开了一小时又十分钟的车后，我们便到达怀托摩，老公先载我和女儿去萤火虫洞的售票处，再和其他人前往黑水漂流的地方，享受黑暗中快速又刺激的漂流与探秘。

跟爸爸分开行动后,女儿很担心跟着大路痴妈咪单独出去会回不来,也难怪女儿会担心,毕竟我是一个在剑湖山世界都会迷路的糊涂妈妈。

出发前,我做了很多旅游方面的功课,应该可以克服迷路的问题,女儿小小的手紧紧牵着我,生怕在陌生的环境和唯一的亲人走散。

我先到服务窗口询问各式票种,并参考各项行程的时间,最后决定买下包括钟乳石洞导览和萤火虫洞穴之旅的二合一票种。接着,票务人员告知我们此行程需要搭乘摆渡车。

"什么?不是从这附近某个入口进去就到了吗?"

我再三确认摆渡车会载我们回来后才稍微放心。在等待摆渡车的这段时间,为了不让女儿发现我的隐忧,我故作镇定地在四周逛了一下。没一会儿,令我更惊讶的事情发生了!摆渡车竟然是一辆超级大卡车!这种车是我前所未见的,这是一辆承载山谷里整群羊的超级大卡车。

幸好我们不是坐在羊咩咩旁边,车上的乘客除了我和女儿，还有一位从瑞典来旅行的年轻男生，总共二位大人一位小孩，全部挤在驾驶旁的前座。虽然座位不太舒适，但行驶没多久就到达目的地，我们的世界奇观之旅也就此展开。

我们坐船进入伸手不见五指的洞穴内，洞穴内的岩壁上、岩壁侧面和岩石下，分布着不同成长时期的萤火虫，而满洞穴的荧光，让我们仿佛身处在繁星点点的夜空下。

徜徉在地底的星光之中，看见绚丽夺目的景象，女儿赞叹得"喔"声连连，除此之外，我们还参加了一趟壮观的钟乳石洞之旅，特殊的景色更是让女儿看得惊喜不已。

这天，单独陪伴女儿的行程中，我赢得了女儿的崇拜，也顺道印证了"知识就是力量"这句名言，我相信那天，她和我都经历了一趟难忘的旅程。

皇后镇上刺激多

皇后镇上可以玩的活动多得很,这些活动项目之间的取舍与顺序,让我煞费苦心。

皇后镇上的活动包含乘坐狭窄河道上的喷射快艇;或者夜访山顶餐厅,一边俯视皇后镇的灿烂夜景,一边享用新西兰的海鲜与农产品;也可以搭蒸汽船去农场看绵羊秀;或是参加滑翔翼飞行和高空跳伞等刺激活动。

我凭Coupon(优惠券)帮女儿安排了一趟免费的参观行程,地点是位于皇后镇山脚下的生态园区,一个可以让女儿贴近奇异鸟和珍贵新西兰动物的地方。

到皇后镇上的第一天已经很晚了,想在街上寻找经济实惠的餐厅,却发现餐厅价位普遍偏高,一伙人犹豫再三,约莫晚上十点,都还没找到平价的餐厅吃饭,仍继续四处比价,最后女儿忍不住"哇"的一声哭出来。

"连麦当劳都要关门了,还不给人家吃饭,根本就是虐待儿童嘛！"

第三天中午，我们在镇上位于海边不远处的必胜客餐厅用餐。必胜客虽然是在台湾也有的披萨店，但是皇后镇的海鲜披萨用的食材，新鲜得就像是刚从海边捞上岸的渔猎，而且用料豪迈大方，每种海鲜都弹牙好吃。回台湾之后，我们就再也没有吃过这么棒的海鲜披萨了。

皇后镇的海边是一个有很多记忆的地方，还记得当时女儿看着几个正在喂食海鸥的当地小孩，过没多久，语言不通却有共同兴趣的孩子们，就自然而然地玩在一起。生性害羞的女儿，也和当地小孩玩得很开心，当地小孩送给她很多干面包，女儿乐得用面包喂海鸥，连爹妈都被她晾在一旁了呢！

旅游的路途中，我总喜欢看见女儿和当地的孩子们玩在一起，虽然女儿还不太爱开口说英文，但是孩子们之间的默契，是不分国家和种族的，而且他们拥有着共同的语言——天真、无邪、纯真，还有一个友善的微笑。

有一天，听见女儿对外国小孩脱口而出："Nice to meet you."

女儿主动说出英文让我感到又惊又喜,我了解到,想让孩子的英文能力变好,并不是送到补习班跟着老师一读再读就会进步的;当孩子身处于英文环境中,就能自然而然地顺口说出英文,而且在表达上,会更贴近孩子油然而生的感受。

我想,女儿的意思是:"虽然我们生活在地球的两端,但我真的好高兴有机会能跟你一起玩!"

对我来说,女儿不只是说了一句简单的英文,可贵的是她话语中的真情流露,所以,旅行可以激发孩子主动运用英文对话,还可以让孩子体会对话里的真正含义呢,这才是此行最大的刺激!

新西兰的羊跟牛都吃草

"哇!妈妈,草地上到处都是卫生纸耶!"

"那是绵羊啦!"

"那里有好多一桶一桶的东西喔!"

"那是加了不同养分的草饲料,不同的颜色有不同的口味。"

"羊咩咩比较喜欢哪一种口味?"

"当然是新鲜的草饲料喽!不过冬天只能吃储粮,听说越臭的饲料越有营养。"

"真的吗?好奇怪呦!"

我们在新西兰住的旅馆都是附带厨具和餐具的汽车旅馆,所以我偶尔也会自己动手烹调餐点。在深入新西兰的旅行中,常在汽车旅馆见到旅客们自制餐点,因为新西兰的食材非常新鲜,只需要简单的海盐、蒜头和香草植物调味,便能做出一桌好菜,让全家食指大动。

除了自己动手煮食之外，在新西兰吃排餐是最享受的一件事，因为新西兰的肉品便宜又安全，无论是牛群或羊群都是吃真正的青草，所以肉质很鲜美。

别以为我强调牛和羊吃草没有意义，牛羊本来就是吃草的动物，不是吗？但如果你看过《美味代价》这部纪录片，你就能明白我的意思了。影片中提到，人类为了增加肉品产量，不让牛羊吃草，而改喂食玉米，不适合牛羊吃的食物会导致它们的胃滋生细菌，结果如何？当人类吃顶级霜降牛排的时候，已不知吃进多少带有细菌的肉品。

我跟孩子在新西兰，在这个严格管控食品安全的洁净国度里，完全不用担心饮食安全的问题，不只是肉品，种植蔬菜水果的农夫一样严格地自我要求。因此人们不论在外用餐，还是亲自烹煮，都可以放心食用。

十一年之后，我送了一个初中毕业礼物给女儿，这个礼物是来自意大利的翡冷翠牛排。当时的台湾早已把美国牛肉的储藏危机闹得众所周知，追根究底都是人类惹的祸，不计代价只求速成和高利润的结果，使得用传统放牧方式饲养的牛羊变得如古董般奇货可居。

这些年来,大家对自己吃的食物渐渐丧失信心,却又越来越无奈,回顾多年前的新西兰自助旅行,我很高兴曾在女儿年幼的时候,让她亲眼目睹善良的人们如何正常地放牧牛羊。

食材可以变化出很多的创意料理,但是,请不要改变食材的自然生产方式,这是一个母亲希望让女儿吃到健康食物的衷心祈求。

基督城的回忆

第一次跟团来到新西兰的时候，只在基督城的雅芳河畔停留了很短的时间，这让我下定决心要重游新西兰，并立刻着手收集新西兰自助旅行的资料。

后来我果真如愿，携家带眷地来到基督城。这次我放慢旅行的步伐，从容自在地体会雅芳河的美。这条雅芳河是住在新西兰的英国人，因怀念祖国雅芳河而用人工建造出的河流，我在河畔默默决定下一趟自助旅行的地点，就是英国雅芳河的所在地……

那天，全家在基督城的雅芳河划船，女儿拿着面包高兴地喂食河面上的鸭子，没多久却突然哭起来，原来她眼见鸭子们快把自己的面包吃光，不禁也饿了，面包快被吃完了才惊叫："我自己都没有食物可以吃了！"

食物果然要争着吃才好吃，还好仙女妈妈及时变出早就预备好的粮食。

在基督城不需要开车，只要买一张车票，告诉车掌（司机）在基督城停留的起止日期，便可不限次数搭乘老爷电车；如果想去玩热气球或高空跳伞，可以跟商家约时间，便有专车接送。

我大胆地体验了高空跳伞的活动，先生和小孩都劝我，如果不敢的话，不要勉强自己，但我坚定地从一万两千尺的高空跳下，享受穿越浮云的自由，以及我从未体验过的刺激。虽然受了点挫伤，仍成功地从空中缓缓落地，高空跳伞的体验让我感觉到无比的自信。

基督城里有一间餐厅叫做 Oxford，供应很好吃的炭烤牛排和天然原料制成的冰淇淋，因为太好吃了，停留在基督城仅仅三天的时间内，我们就去了两次。

几年后，基督城接连发生几次大地震，导致美丽的教堂倒塌，我们一家人在教堂前留下的照片，则成了珍贵的记录。在教堂前的广场上，我们曾经见识教堂的壮观之美，因此当我们听闻地震震垮了老教堂，更觉得心疼与不舍。见到当地善良又热情的居民因为亲友的骤逝与教堂的损毁而哀恸，我们也跟着难过落泪。

十四岁的女儿找出一张当年爸爸背着自己与教堂合影的相片,她看着新闻报道教堂的毁损情况,以及重建所需的天文数字,不禁心痛地说:"好可怕哦!真的没办法重建了吗?"

旅行,会让一个人对不同国家的文明产生感情,我想,这是因为我们曾经将脚步踏在那片土地上。

细菌不会游泳

旅行除了常常要整理行李很麻烦之外,最害怕的莫过于在途中生病。

在国外生病和平时在家乡生病的情况不大相同,不只是因为国外的医药费用昂贵,也是因为我们旅行的路线通常都距离医院很远,就医不便,此外,因为语言的差异,描述病情也无法说得很清楚。

生病,是比护照遗失还难处理的状况,除了在行前准备药品之外,小心预防生病才是最重要的。

住在空气品质不佳的台北,孩子普遍有鼻子过敏的状况,女儿也不例外,虽然女儿的症状很轻微,却常让我们搞不清楚她是感冒还是过敏。

我一向不喜欢女儿吃药,因此会尽量使用自然疗法,减轻孩子感冒的不适。自然疗法能让孩子自愈力提升,赶走病菌,但却不像吃西药能立即减缓症状,必须让孩子耐心配合才会达到疗效。

女儿的喉咙如果感觉痛痒，我会让她用较咸的盐巴水漱口，并且大量补充水分；我在旅行途中常会用泡腾片泡水给家人当开水喝，如果没有泡腾片，也可以吃些维生素 C。

如果女儿有流鼻水的症状，便立刻让她戴上口罩，晚上睡觉时，用一些天然的精油，例如茶树、柠檬、佛手柑和薰衣草等，熏得满室馨香以助眠并减少不适症状，有良好的睡眠品质，即使感冒也能更快复原。

女儿小时候，出现感冒症状时，我都会要她多喝水，并附加一句："细菌不会游泳，多喝水可以把它们尿出来！"

乖巧的女儿总是会意地点点头，然后喝下大量的水，上厕所时，还会向我报告："妈妈，我要去把不会游泳的细菌尿出来哦！"

等到女儿稍大的时候，已经懂得自己用盐水漱口了，我一发现她用盐水漱口，便知道她在施行预防感冒的措施。

自然疗法真的很有效，女儿八岁时，我家在气候变化剧烈的英国，整整旅行一个月，足迹遍布英格兰本岛、威尔士、苏格兰，甚至到北部离岛，期间完全没有因感冒耽误行程。

当我们进行意、瑞、法五十六天的第四趟长途旅行时，女儿已是一名刚刚冲刺完基测的初中毕业生，考上北一女后，她的精神已经松懈下来，加上之前全心全意地读书而缺乏运动，所以此时是体质最差的时候。

一路上，我们从瑞士积雪的高山，到摄氏四十二度高温的罗马，都是凭着身体的免疫力抵抗变化多端的气候；旅途的尾声，我们在巴黎居游时，女儿跟我都感冒了，我们谨守自然疗法，到了第二天，都不药而愈。

回顾过去的旅程，之所以能顺利地按照计划游完全程，与全家人的身体健康有绝对的关系，如果孩子还小，不妨开始用些方法，建立孩子的好习惯，让孩子的自愈力和抵抗力提升，千万不要过度依赖药物压制病情，大人不妨也多锻炼自己的身体，增强对病菌的免疫力。

"有健康的身体，才能应付多变的气候。"你一定会赞同这个说法，所以我说，健康的体魄是旅行的顶级配备。

我爱威尔顿 Cable car 的助理小姐

带孩子到新西兰有很多好处，最大的好处就是，所有人都会帮忙疼小孩。

新西兰有很多给孩子游戏的区域和设施，我们住的汽车旅馆更是间间有 Playground（游戏场），而且大部分都有安全设计，大人几乎不必担心；新西兰的餐厅里，也会有营养均衡的儿童餐，儿童餐搭配的餐具就像扮家家酒一样可爱好玩，所以带小孩到此地，常会感佩新西兰人真会为孩子着想。

有天晚上，我们在威灵顿街上询问过好几个当地人后，好不容易才找到搭乘 Caber car（有轨电车）的地方。下山时，天色已晚，而且山上的风很大，我们被风吹得不太舒服，女儿看起来也很疲惫，我们上车后，又发现有轨电车的座位有限，我们只得站着。

有轨电车的车厢不大，是具有浓厚古董味的精致原木车厢。女儿一直好奇地盯着车厢助理小姐鸣汽笛的按钮，这位金发小姐索性牵起女儿的手，笑盈盈地看女儿，然后，抓着女儿的手去按汽笛，汽笛声顿时响彻云霄，她的喜悦也感染了疲劳的人们。

助理小姐一定很喜欢小孩，而且她毫不吝啬地把握机会，制造出让孩子永生难忘的美好回忆。多年后，提及此事，才五岁的女儿明明当时已经一脸疲累又昏昏欲睡，竟然还记得这件小事！

我要大声说："谢谢所有带给我们欢乐的外国朋友！"旅途中能够遇见这些心地善良的外国朋友真是幸运！

孩子爱 Te Papa 博物馆

如果时间许可，每到一个国家就选一个博物馆参观，这样能更快了解该国的风土民情和历史发展起源。

设备完善的 Te Papa 博物馆，不仅会让对博物馆兴趣缺乏的人刮目相看，带小孩的人，更适合到 Te Papa 走一遭。

Te Papa 为孩童们准备了很多学习区和游戏区，其中的四大主题探索馆，小孩们可以在此找到有兴趣的主题，观看一些特别的展览。

女儿在博物馆内，试驾了模拟帆船，玩得笑呵呵！走到博物馆内一处动物巢穴模型，我跟女儿假装自己就是住在里头的动物，在弯弯曲曲又黑漆漆的模型地洞里爬来爬去，想像动物的生活。博物馆还介绍发现萤火虫的经过，特别设计的攀爬梯，也让我们亲身体验发现者所感受到的惊险及刺激。

参观新西兰的博物馆，不止会对新西兰原住民——毛利人，有更进一步的认识，也能对当地的稀有动物，有更深的了解。

如果自小就能到世界各地的博物馆参观，我相信孩子会更懂得珍惜大自然，也可以增进亲子之间的关系，来新西兰到 Te Papa 一游真是一举数得。

第3章
八岁——英国31天之旅

CHAPTER

住在爱丁堡旁的城堡里

早年到英国旅行的时候,书店里的旅游工具书还没有像现在这样满坑满谷的,旅游资料非常的少,中文网络资讯也有限,只好在英文网站里找。

当初在爱丁堡决定住宿三天,是因为旅馆常有住宿三天就能获得优惠的好处,但订房后,我跟旅馆确认是否有优惠时,旅馆的回信是:目前无此活动。

爱丁堡这家特别的旅馆(Globetrotter Inn)是以青年旅馆的方式经营。旅馆是一间城堡的老房子,旅馆附近有一座迷你精致的老城堡,两栋建筑的风格和建材都一致,或许这间旅馆以前是老城堡的边房,说不定是给佣人住的地方。

房里有精致的原木床组,拉起床帘便拥有个人隐私空间,房间里的空间也算宽敞,当时四人房的住宿费用是一人十五英镑,会如此便宜是因为旅馆位于爱丁堡郊外，但是虽然位于郊外，仍有免费的交通车，接送从爱丁堡车站来往的游客。

到了爱丁堡火车站，我请当地旅游资讯站的服务人员告诉我搭乘摆渡车的地方，英文听力不佳的我，搞了老半天，只能勉强会意地走出车站，到外面的某间餐厅外，傻傻地等候旅馆的shuttle（摆渡车）。问了也在等候的几个年轻人，他们似乎也不太确定，过了一会儿，有一辆小巴士开过来，从车外的图案我才确定这是摆渡车，一家人上车之后，大约行驶了十五分钟才到达旅馆，沿路风景很美。

到达旅馆后，我们先到柜台付房间的费用，柜台人员会给每个人一张通关卡，在卡内加值后，方便于旅馆里的商店购买食品，也可以使用旅馆的厨房煮食，退房后可退回卡内没用完的钱，并于柜台退回通关卡的押金。

第二晚，我带着女儿与一位来自中国内地的女生攀谈时，听到一旁的美国人提到promotion（优惠）一字，我的耳朵和眼睛立刻为之一亮，忙问来自中国内地的女生旅馆是否有优惠，她说："对呀，我只住两天好可惜，他们现在做活动，第三天是免费的呢！"

我听了之后，连忙跑去柜台询问为什么我被收了三天的住宿费，不是有第三天免费的优惠活动吗？原本我以为已经银货两讫，来不及追讨了，没想到他们查了我们的入住资料后，老实地（到底算不算老实，我也不计较了）退我四十五英镑。

我和女儿打算回房间向老公炫耀我英勇要求旅馆退费的事迹，还和女儿说好要捉弄一下爸爸，结果走回房间的路上我不小心迷路，幸好有女儿记得如何走回房间。

"老公，我跟女儿刚刚在走廊捡到好多英镑！你看！"我拿出旅馆的退费。

"真的吗？还有吗？哪里的走廊？"

我跟女儿立刻恶作剧得逞地爆笑出来。

"这么大张的英镑怎么可能真有的捡，是我去柜台要的。"

"怎么要？"老公困惑地问。

"我听其他房客提到旅馆的优惠呀！如果连续住三天的话，第三天就免费，可是旅馆人员当初竟然还跟我们收三天的钱！"

"你跑去跟旅馆的人吵架？"

"我这么优雅，怎么会吵架，我是用智取的！"

女儿在旁边作证，我态度谦和地说了几句英文，便顺利让对方退款，虽然刚才还忘记怎么走回房间，但是我向旅馆争取退款时，女儿相当崇拜母亲呢！

拍照搞创意

大人出游总喜欢帮小孩拍照留念,但小孩对拍照却是意兴阑珊,对于这种拍照不耐症,大人要求"再拍一张"的次数,最好不要太多。一般而言,越小的孩子越听话,想让小孩摆出搞笑可爱的动作拍一张,小孩都愿意合作。但是我家的女儿自小就很有自我主张,因此,她的拍照不耐症比一般的小孩更严重。

从女儿五岁新西兰之旅的照片中,总是见到她摆出各种奇特的姿势,比如故意蹲下来看地上,或是背对着镜头假装她是背景,抑或是挤眉弄眼地摆出"谁也认不出我"的怪表情。

八岁英国之旅,又留下许多女儿摆出搞怪表情的照片,每次为她拍照都让我啼笑皆非。还记得当时的英国正处于汇率的高峰时期,物价也相对昂贵。有一回,女儿嚼着口香糖,一个不小心,竟然让珍贵的口香糖从嘴里掉出来,我当时正好在录影,凑巧录下她手忙脚乱地要去挽救口香糖的连续动作。这几秒钟的片段，日后成了我家回味无穷的记忆。

女儿的拍照不耐症直到第三次长途旅行才停止，因为她知道这些照片可能会出现在我的书里，而且渐渐长大的女儿也比较怕羞，当时我们在炎热的捷克，一家旅馆房间里，女儿学爸爸打赤膊，见我拿起相机要拍，她立刻苦苦哀求地说："不要拍我！"

"这张照片是秘密，只有我们家的人才能看，让妈妈记录一下这里炎热的天气嘛。"于是我成功留下这张女儿打赤膊的照片。

对于女儿的拍照不耐症，我未曾多加劝阻，一方面是想放松地旅行，不愿意强迫她而破坏旅行的气氛，另一方面是觉得女儿的搞怪创意也挺有趣的。

我有时候会想，她应该变不出花样了吧？但是每到不同的地方观光，女儿自然又有新的 idea（点子）。透过旅行，我们造访过许多不同风格和文化的地方，难怪女儿能有源源不绝的创造力。

旅行绝对可以激发孩子的各种创意，不信你就试试。

威尔士的高山火车与出租车

人类对攀登高山的向往，自古即有，很多通往高山的交通设施和装备也应运而生。

出国旅行向来以安全为首要考量的我，不愿勉强自己或家人做不熟悉的事情，尤其登山需要较厚的御寒衣物，相当占行李空间，所以我尽量避免高山活动。

平常运动量几乎等于零的我们这一家，鲜少选择登山健行的活动，如果真的要登山，必定准备充分，万一体力不济，或是受了伤，那可都不在我的期待之中。

首次出国登山是在第二趟长途旅行于英国的威尔士时，我选择的登山路线位于湖区，是比较好走又安全的路线。至于威尔士的最高峰——斯诺顿山，就搭古老的蒸汽火车上山吧！

在国内预查了登山蒸汽火车的票价规则与时刻表后，我决定先搭火车至班加火车站，再从班加站搭出租车至民宿，我写信跟民宿老板娘再三确认到达的时间，因为民宿离搭乘小火车的地点很近，我们可以先至民宿寄放行李，然后再迅速走去蒸汽火车站搭蒸汽火车上山。

高山的天气不稳定，口罩、雨衣、帽子、手套和大衣等都要记得带。在乘火车前往班加的途中，女儿也乖巧地整理了自己的御寒用品，不忘带上预防感冒的姜汁汽水。

从班加火车站走出来后，我们搜索站外的出租车以先到民宿放行李时，遇上一位叫 Auberger 的司机，这位高大帅气的年轻司机，相当有英国人的绅士风范，还帮我们将数件行李搬到后车厢。配合我们的需求，他开得比较快，不到十五分钟就到民宿了。我们一路上聊得很愉快，我顺便询问隔天离开民宿后的交通方式，得知搭乘出租车游览的价钱并不贵，于是我们决定隔天直接搭乘 Auberger 的出租车离开民宿，走访几个搭火车无法到达的小镇。

这趟蒸汽火车登山之旅，因为天气不佳，不能攻顶，只开到半山腰，让乘客下车拍个照留念后，就必须折返。

但是，火车行驶的一路上，司机介绍着火车历史和沿路风光，我们体验了自公元 1896 年就开始营运的窄轨蒸汽火车，享受到山上飘渺的迷蒙风景，也算是一趟难得的体验。

第二天一早，民宿老板备好丰盛的早餐打包给我们带走，Auberger 也准时在约定的地点等我们，我们坐上出租车到喀那芬城堡参观，女儿看到爸妈和司机先生交谈甚欢，多次帮我们三个大人合影留念。

司机帅哥还载我们到一个由 Llanfaurpwllgwyngyll……共五十八个字母组成名字的小镇，女儿想跟着 Auberger 念出这个镇的名字，却都不成功，有几次几乎要咬到舌头，逗笑了大家。此地是威尔士的西北边，也是全世界名字最长的小镇，还有几位英国威尔士人在现场指导发音呢！

在这两天的匆忙行程中，我们主要的交通工具，除了火车之外，登上斯诺顿山的窄轨蒸汽火车，以及载我们走访威尔士小镇的出租车都是我们的代步工具。

尽管因为天气不佳而有诸多的不完美，停留此地的时间也安排得不够充分，行程略显匆促，但这两天过得非常充实。我们在英国的威尔士体验了高山气候，还有虽同为英国一部分，语言却不尽相同的民族风情，后来我们到了苏格兰，又再次体验了不一样的民族文化，才发现这些不同种族各以其独特的传统，构成了英国丰富多元的样貌。

此趟威尔士之旅能顺利完成，多亏有 Auberger 的出租车和蒸汽火车带领我们深入当地，才能体会高山风光和交通不便的小镇风情。

伦敦的双层巴士

伦敦的交通很方便，不论是地铁或是公交车都四通八达，避开容易塞车的时段，搭巴士在市区观光，可以很快地熟悉各景点的地理位置，也能玩得很尽兴。

经过表决，我们全家票选出两条最爱的巴士路线，分别是 RV1 跟 11 路。

RV1 从科芬园出发，开上伦敦桥，到泰晤士河南岸，经过伦敦眼（千禧摩天轮）、泰德现代美术馆、伦敦地牢，再穿过一八九四年完工的伦敦象征——塔桥，最后的终点，是超过九百年历史的伦敦塔。

为了彻底感受塔桥的美，我们早晚各单程一次 RV1，白天的塔桥令我们印象深刻，当我们站在伦敦塔桥的面前，这维多利亚时代壮丽的塔桥工程，比起商店贩售的塔桥明信片，更让我们感到震撼。

晚上的塔桥景致有别于白天，冷色调的灯光，照着桥身的蓝和灰，霎时，我仿佛在古老历史的洪流里迷失，连忙紧抱住女儿，生怕在时光错乱中与她分离。我突然明白，《穿越时空爱上你》这部描述穿越时光的电影，为什么会选择塔桥作为穿越过去与未来的时光隧道。

11路公车，是伦敦当地居民经常带友人观光的巴士路线，可以沿路从维多利亚车站、西敏寺教堂，到足以成为伦敦代表的白厅、西敏寺，以及国会大厦等，接着公车会经过又称鸽子广场的特拉法加广场，然后是皇家法学院、圣保罗大教堂，最后来到有名的亲裙街市集，这是一趟可以饱览古迹，又能体验平民生活的充实巴士之旅。

第一次搭巴士，我们不太熟悉巴士路线，所以请车掌先生提前告知我们要下车的车站，到站时，他用洪亮的声音提醒我们该下车了，我们的精神也为之一振。

在伦敦搭巴士，最让女儿兴奋的是坐在红色双层巴士的上层，上层的视野可以看得很远很清楚，女儿是英国罕见的亚洲小孩，常有别辆车的乘客向她招手打招呼，女儿见到友善的笑容多回以灿烂的微笑，也顺便做做国民外交！

女儿最喜欢搭巴士到各景点喂小动物——在鸽子广场喂鸽子、在肯辛顿公园喂松鼠、在海德公园喂有羽毛脚掌的鸟儿；或是坐巴士到超市买烤鸡，配上沙拉、水果和三明治，再带着食物到公园野餐，一边享受悠闲美景，一边跟小动物一起饱餐一顿。

我们曾经在巴士上遇到黑人车掌先生，他在车上表演踢踏舞和歌唱，让女儿对黑人很有好感！

有一天，我们很晚才搭上巴士，在车上看见一个陌生人很凶地向观光客要钱，我们假装听不懂英语才躲过一劫，并立刻换车搭乘，没想到换车后，又遇见一名醉汉，他在公车上违规喝酒还不停谩骂叫嚣。遇见不停骂人的怪醉汉，我们全家都很害怕，但又担心会激怒那名醉汉，我要女儿闭着眼睛假装睡觉。下车后我们一家子快步走回旅馆，还好，Bayswater 跟 Queensway 站的观光客都是夜猫子，走回住处的沿路都非常热闹。

这次的经验让我们决定以后出国旅行别再贪玩到这么晚，毕竟越夜越危险！

湖区的有氧健行

这天，我们计划餐后在湖区，进行公车游览及轮船游湖之旅，因为距离吃早餐还有一段时间，我们想先去附近散散步。依据旅馆老板的指点，我们顺利地从位于 Victoria Street 的温德米尔游客中心前，穿越 Ambleside-Kendal Road 到斜对面，在温德米尔旅馆旁，找到总距离只有约两公里，目的地是 Orrest Head 的健行指标。

幸运的一家子于早晨的微雨中漫步，迷人的山林，富含纯洁清新的空气，使我们健行的一路上都精神奕奕，面对山林美丽的景色，我们都暗自在心中怀着满足及感激。

放慢脚步，轻柔地走在山林间，唯恐一个闪神，让山林里的精灵发现我们这群入侵者，即使女儿见到她最爱的绵羊群，也强忍着惊喜不愿打扰山林的宁静，她以手势告诉我们，咩咩声来自高大的石墙后方，央求爸妈静悄悄地照相。

这条健行路之所以有名气,是因为这段路虽然不长,却富有多变的自然景观,古老的石墙静静伫立路旁,已有百年的历史;潺潺的小溪流水声、牛羊的叫声,搭配着鸟儿清脆的鸣唱,与雨点敲打在叶子上的声音,谱成动听的奏鸣曲。

啊!大自然的天籁之音,连那路过的红色蚱蜢,也沉浸在如诗如画的美丽仙境中。

一路上不断涌现的景色丰富了这趟健行之旅,即使是体力较差的小女孩,也能轻松地走到终点——Orrest Head。

此时,站在位于制高点的平台上,畅快呼吸山间灵气的我们,不约而同地发出赞叹声,哇!这片美景是大自然慷慨的赏赐啊,三百六十度环绕着惊艳景致,这沁人心脾的健行,让老公重复地赞叹:"真是超值的美景呀!"

一家人满面春风地回到旅馆,个个好像饱读诗书带着满腔喜悦归国的大博士。吃完早餐后,借了旅馆老板的古董钢琴,用悠扬的琴声告诉天神,我们的感动与谢意,为这清新的一天弹出轻快的前奏。

妈妈我们赚到了

我们全家前往英国和德、奥、捷的长途旅行时,汇率都不利于我们,去英国时英镑对台币时六十三,欧元汇率则是四十三,但我还是觉得很值得,因为青春一去不复返,何况孩子的童年是有限的。

在英国游玩的那个月,女儿在路上看见商品的标价,很高兴地说:"英国卖的东西都好便宜。"

但想到之前在新西兰的购物经验,女儿随即恍然大悟。

"不对,这里是英国,用的钱跟台湾不同,妈妈,这里的汇率是多少呀?"

八岁不到的女儿很少有买东西的机会,所以特别注意商品上的标价,我试着教她如何换算,我对女儿说:"汇率是六十三,所以英国的东西很贵,这里最便宜的三明治换算成台币约七十六元,我们在台北买美而美三明治才二十元！"

"如果你以后要自己算的话，可以把定价先乘以六，然后把小数点往后移一位，这样相当于乘以六十，比较方便计算，但实际价格应该乘以六十三才正确。"

于是，女儿沿路一直计算东西的价格，箭牌口香糖一包多少？Chips薯片一包多少？划算吗？没多久，女儿就知道葡萄、草莓、优格、牛奶和芝士最便宜，而小孩子最爱吃的零食都很昂贵，因此一路上，没什么便宜好吃的零食，箭牌口香糖反而成了唯一买得下手的奢侈零嘴。

我一直想在英国帮每个人都买一双克拉克皮鞋，克拉克在台北是高级品牌鞋店，一双皮鞋动辄六七千，在英国买便宜许多，打个三折就能买到。而且鞋子像路边摊儿的一样，丢在地上任人选购，虽然很划算，但是我找了好多家店都没有找到适合我和女儿的样式，男士的鞋款跟尺寸，反而比较容易找到。

有一天，我们在一家有童鞋专区的克拉克鞋店选购，女儿突然跑来跟我说："妈妈，我们赚到了！刚才楼上有两个姐姐说汇率要乘以六十四才对,我们乘以六十三是不是有赚到呀?"

我被女儿吓了一跳,她竟然已经有"汇差"的观念了。我当时暗自窃喜,并且对她说:"你好聪明喔!那我们把英镑都卖给那个姐姐,每一块英镑赚一元台币,可以赚一些钱喔,好吗?"

机灵的女儿立刻回答:"我们没有英镑可以花,就要流落街头当乞丐,我才不要呢!"

我接着对她说:"你说得没错,但相对来说,六十三跟六十四两者的汇率是差不多的,你还是乘以六十就好,比较好算。"

旅行,不能没有金钱概念呢!

戏说康桥

在语文老师和音乐老师的指导下,徐志摩的《再别康桥》让每个学生都耳熟能详,还有那篇《我所知道的康桥》,将康桥描述得宛如仙境般美妙,学生一定也不陌生。

文中提到"徒步是一种愉快,但骑自行车是一种更大的愉快",若是亲自来到这大学城,必能体会;又如戏剧《人间四月天》中,康河畔的一幕幕场景,也道出康桥令人如痴如醉的魅力。

康桥即是剑桥,起源于牛津大学一场失控的纷争,当时一些牛津大学的教授和学生来到此区落脚,才慢慢建起剑桥大学。

剑桥大学的腹地,原为一个沼泽旁的小市场,如今发展成为英国著名的大学城,各学院的建筑外墙、大门、玄廊和天花板有着看不尽的华丽装饰,以及繁复精妙的建筑设计,这些建筑艺术令人目不暇接,我不断仰头看着高耸的建筑,大概也产生了不少抬头纹吧!

我带着女儿到剑桥著名的各学院参观拍照,还对女儿说数学桥和三一学院学生捣蛋的传说,并提醒她若有朝一日出国留学,不可以开太大的玩笑,以免被全世界的人记住恶名!

一直以来,有拍照不耐症的女儿,竟然愿意在国王学院前安分地拍照,仿佛她是此地的大学生,充满自信的独照,想必是受到剑桥故事与校园气氛的影响。

游客如果想进入学院参观,在非考试期间,可以购票进入,不只可以看到各学院的建筑之美,还可以一游剑桥学生的后花园——The Backs。

我们在康河畔船公司,为两大一小的punting(撑篙)费用杀价,付了低于两位大人的费用。一位来自新西兰的剑桥大学生,撑着长篙游康河,他为大家解说每一幢学院的故事,经过著名的The Backs(后花园),传来剑桥学生的欢笑声,热闹的气氛有异于我们所熟知的浪漫。

如果要体会的是徐志摩在文中多次提到的康河,恐怕得清晨来此撑篙,才能重现寻梦之旅。

莎士比亚的故乡

在史特拉福的某天,老公独自研究了住宿处的地图,大清早就带着我与女儿来段早餐前的散步之旅。

我们一家三口保留着体力随兴地走着,心想,不一定要走到莎士比亚在伦敦创作的十六年间,与其妻安妮 (Anne Hathaway) 生活的茅草屋,但求尽兴地走在这条乡间小路,感受此地朴实的气氛。

一路上,不断窜出各种野生小动物,有叫声优美的小鸟和呆头呆脑的松鼠,小动物的出现令女儿驻足观望;途中我们经过一座迷你茅草屋,女儿兴奋地飞奔向前,我们还以为不知不觉已经走到莎士比亚与妻子生活的茅草屋了,问了当地人才知道,距离真正的茅草屋还有一段距离呢!老公见女儿体力不错,便继续向前迈进,找寻那梦中小屋。

终于,我们一家大小在杳无人踪的地方,完全拥抱了这间至少有四五百年历史的茅草屋。

屋外的黑色花儿，宛如黑衣警卫般守卫着这古老、庄严的房舍，曾经照在安妮肩膀上的阳光，洒在老公和女儿的笑容上；身处于茅草屋中，一切都这么宁静、快乐，似乎罗密欧与朱丽叶就在眼前相恋，仲夏夜之梦才刚散场。

我们一切的回忆，将永远回荡在史特拉福西方一英里的Shottery，那条安妮不知走过多少趟的小路上。

在切斯特,差点遗憾的古城墙

从威尔士向东回到英格兰,我们在切斯特(Chester)下车,预计做短暂的市区观光后,再前往今晚的住宿城市。我们原本想在车站大厅找寄物柜,经过询问,得知寄物柜竟停止使用。

早上,经过威尔士北边的出租车之旅后,已经有点累了,松散的心让我们不想拖着沉重的行李在切斯特观光,老公建议取消切斯特的行程,但好不容易探寻到切斯特这个古城市的我,不想就这样放弃,我在车站里徘徊想办法,突然发现一个告示牌说持当日火车票根者,可以免费搭市区观光巴士。

而且,搭乘巴士的起点和终点站就在火车站的门口!我们拖着行李,糊里糊涂地坐上公车,短短十几二十分钟便快速游完旧城区一周,匆促的行程让我感到强烈的不舍,我好想参观梦中向往的钟楼。下车后,我要求老公让我再次上车,待我仔细地观察城区景点后,再决定下一步该怎么走。

嘿嘿！经过观察的结果，我央求老公留下我探访切斯特。我们下巴士后，轮流看顾行李，我和女儿终于可以登上（我盼望已久的切斯特）古城墙俯视这城镇的美丽市容！

边城切斯特，是位于威尔士与英格兰交界的一座迷人城镇，我们就在中古世纪的城墙之上，鸟瞰可追溯到一四八六年的镶木建筑商店、骑楼及河道风光。

我和女儿走在城墙上，城墙分为北门、水门、桥门和东门，大批观光客川流不息地走过，不断赞叹这座坚固的老城墙；不久，我们来到建于一八九七年的东门大钟前，钟楼的外观显得古意盎然，不难想象当年的风光模样。

不少当地居民来回走过观光人潮络绎不绝的城墙，前往工作或返回家中，古朴的城墙已融入他们的生活当中；从东门、水门和桥街走来，可以看到一排排都铎式双层商店和骑楼式的人行道，此即为"屋列"，是切斯特最著名的建筑方式。

屋列上的木雕装饰极其细致，黑白相间的木造都铎式木房和古城相映建构出迷人的街景，其中又以

Bishshop Lloyd's House最为著名。走上二楼，俯瞰市街，相信又是另一种不同的乐趣。

位于市中心，Werburgh Street上，建于十世纪的大教堂，也是此城重要的地标和古迹，原是本笃教派的修道院，比其他英国教堂低矮；教堂内的彩绘玻璃绚丽多姿，尤其是维多利亚时代的宝蓝色玻璃窗更是光彩夺目。

罗马剧场位于城墙之外，发掘于一九六零年，是英国境内最大的罗马剧场，如今是节日庆典举行庆祝活动的广场，设有能容纳七千人的座位。

结束徒步参访后，轮到我看顾行李，老公带着小孩到TESCO超市买好吃的番茄意大利凉面、水果、生菜沙拉等，我们一家子坐在广场上吃得很高兴，此刻的我庆幸着，还好没有与切斯特擦身而过。

今天遇见小心帮我们找船外寄物处的绅士，还有城墙上自动为我们母女俩拍照的老先生，以及TESCO外给一个小男孩钱并要他听他妈妈话的路人……每次和女儿旅行时，无论是漫步于乡间或城市，除了饱览美景，善良的当地居民，也是让我们回味无穷的美好记忆！

看这表情恐怕是刚被老爸骂过。

爸妈跟这位大哥好像很熟的样子。

古老的登山火车里，气温骤降，但亲子情却升温不断。

我与女儿依偎在一起，呼吸着威尔士最高峰 Snowdon 的冰凉空气。

这位帮我家拍照的陌生旅人真是好导演。

Chester 的城墙我俩走过。

古老城墙上，我是最佳女主角！

他们真的不敢动吗？

后来我被女儿的第一志愿吓一跳——博物馆馆长。

用旅行
创投孩子的
未来

女儿:"跟国外的演员合照我可得正经点,但我的裤管怎么一高一低。"

原来男士的帽子也能占满一座橱窗!

安妮曾经如此安静地守候莎翁的归来。

那是女儿主动的微笑外交换来的花冠赠礼

早餐的香草蛋卷很美味,香草采自阿嬷的花园。早餐的每一道菜和餐具的摆放都出于女主人的巧手,处处都带给旅人惊喜。

上了这班船,我们今天就回不去了——

虽没遇见徐志摩笔下的浪漫场景,但有女儿甜甜一笑的留影,我已满足。

在苍穹岛不可奔跑

英国一个月的旅游计划中,我们曾到名为苍穹岛,又名斯凯岛(天空岛)的美丽岛屿,会到此地是为了三句描述苍穹岛的句子:

"宛如人间仙境。"

"清晨醒来,你会觉得天地间就只有这一处地方。"

"人生至此,夫复何求?"

这三句形容苍穹岛的话,让我仿佛嗅到来自天堂的空气,于是我寻找相关的旅游资料,让一家子能到苍穹岛体验天堂般的神仙生活!

选择岛上住宿的城镇,我考虑了五个因素:

1. 岛上各城镇的特色,是否符合家人喜爱的感觉。

2. 到达岛上的方式与时间。

3. 连接 Mallaig(马莱格)、Kyle of Lochalsh(当地人称此地为凯尔)的火车交通及适当时间、班次。

4. 岛上公交车的交通路线是否便利。

5. 确认是否订得到全家人想要的房间。

这些因素让我确定最佳的住宿选择是 Broadford，当时我不顾风险，答应旅馆 e-mail 中的要求——必须以电话确认以完成房间预订的手续。

在电话中无法比手画脚，各地的发音也有异，我认识的英文字少之又少，加上要在电话中告诉素未谋面的人自己的信用卡卡号，应该没有几个人敢冒这种险吧！但是我为了旅行，就这样"豁出去啦"！

一家人在苍穹岛的旅馆起床后，我们很快地吃完早餐，锁好行李，打算搭公车到岛上的首府—— Portree（波特里）。

莫非是天意弄人，公交车竟然久等不来，我辛苦安排好的行程，因时间的流逝而不断缩减，我忍不住向一位正在遛狗的当地居民求助。他好心地研究公交站牌老半天，确定公交车的到站时间延迟，但他也不知为何会发生这种状况，一位开车经过的人告诉我们他刚在路上遇见抛锚的公交车，终于解开公交车迟迟未到的谜团，但公交车到底何时才会到呢？

我们询问后来到站的另一路公交车司机，得知半小时后，我们要坐的公交车才会来，我犹豫是否要改乘不远处的 Post office bus（邮务士小巴），车资便宜，也能深入地观光。

老公说："还要考虑？别太追求完美。"女儿也附和说："就是嘛。"（于是我们踏上 Elgol 之旅）。

一上车才发觉，如果再犹豫不决，连 Post office bus 也没位置，还好能及时坐上车。向司机确认返程可以搭对面的公交车到凯尔后，我们兴奋地准备游览此地的天堂美景。

沿路，我们跟着邮差兼司机去送信、派报纸，还收回一些信件包裹，沿途风景有崎岖的库林山脉，还有高山上的牛和绵羊；途中经过很多幽静的住家，有面对大海的，有隐身在深山小路的，清楚知道家家户户邮件收放位置的邮差，对住户的熟悉与默契，令我们惊讶，邮差和当地居民们的好交情也增添了岛上祥和的气氛。

在颠簸不已的车上，屁股都坐疼了，我们才摇摇晃晃地到达终点——Elgol 的邮务办公室。

司机建议我们等回程车的时间，不妨到附近的码头走走逛逛，但是来的时候已经花了不少时间，我担心回城的时间会耽误，而赶不上去凯尔的公交车，所以紧张地询问邮差兼司机，司机告知回程一定能准时返回，我再三告诉他我们还回旅馆提行李，并把赶公交车的时间告诉他，没想到，要我信任的司机不但没嫌我啰唆，还幽默地赞美我的英文比他的中文说得好多了。

码头有渡轮可以搭乘，但是我们知道今天已经没有回城的班次，便悠哉地拿着零食在邮务办公室旁的码头喝咖啡和热巧克力，看着不远处山崖上的牛群，它们也许正感谢着可以生活在如此接近天空的地方；而绵羊们正想着我们是怎么找到这个仙境的。

当我们沿着港口走到海边，不只被如梦似幻的风景震撼，更被突如其来的画面冲击着，沙滩上躺着好多来不及随海水退潮的海鲜，有比巴掌还大的扇贝、螃蟹、马来格的龙虾等，还有像是果酱的生物，喔不！是死掉的水母。

回程时，邮差先生果然准时出发，中途停下的一站有人从较远处跑过来搭车，司机微笑地跟他说："Never run in Skye！"（在苍穹岛，永远不要奔跑）

经过两日的苍穹岛一探，我想邮差先生的意思大概是说，在这风景优美的岛上，没有任何事情可以违背悠哉的游兴。

回程的路上与来时无异，有庄严如守护神般的山脉陪伴，并同样经过一处很多观光客驻足的倾圮古迹，我不愿遗漏眼前的美景，所以全程录影纪录。

回到 Broaford 后，老公在公车站卸下小包袱，自告奋勇地回旅馆取行李，按照时间表，我们要等一部 Citylink 的公车，可以直达凯尔，但先来了辆普通公车，我与司机聊天才发现，若能搭这辆车到 Kyleakin 再转车会更划算。

但是回旅馆取行李的老公还没出现，公车的出发时间已到，只好跟司机说再见，此时的女儿与一旁来自俄罗斯、波兰的旅人玩起编花冠的游戏，一位女孩的男友赠送女儿一个花冠，让女儿心花怒放，编花冠的回忆，为女儿旅游的美好记忆又添一笔。

老公取回行李到达公交站没多久后，一辆普通公交车缓缓驶入，我们快步上车，幸运地搭上这辆普通公交车，我想这是宛如天堂的苍穹岛对我们的特别招待！

Kyleakin 转车处的景观很特别，让我的数码相簿新增许多美丽的照片；转车后，驶过一座壮观的跨海大桥，我们便到达凯尔，紧接着要搭的是前往北高地的火车，火车沿着轨道进站，仿佛在向我们招手。

笨的不是大笨钟

我们搭地铁于 Westminster 站下车。我许诺女儿要带她去看全世界最笨的钟，这天是我实现诺言的日子。

来到大笨钟的脚下，灰暗的天空不时下起忽大忽小的雨，我对女儿说："你看，大笨钟一副憨厚忠实的模样，它对工作永不懈怠，伟大庄严地矗立在原地，学学大笨钟，凡事贯彻始终，你也会成为让大家尊敬的人哟！"

原本想借机教育我的女儿，没想到，她望着高耸的大笨钟，没有仔细听我对她的机会教育，自顾自地幻想着大笨钟的故事。

女儿像发现新大陆似的说："妈咪，这个大名鼎鼎的时钟如果走慢，伦敦的孩子就不必准时上床睡觉了！住在这里的孩子好幸福！"

听着女儿的童言童语，我对她说起大笨钟真正的历史沿革。

在壮观醒目的国会建筑物东边，就是这座钟塔的位置，高九十八公尺的大笨钟 (Big Ben)，是伦敦最著名的景点，以美妙的钟声著称，每个整点敲响主钟所发出的撞击声，是仿自剑桥的圣玛丽教堂，悠扬的钟声配合祝祷："愿这个钟头的分分秒秒，上帝导我前行，以主之能，佑吾民平安。"

大钟塔总共有四面，由四个重约五吨的大挂钟围绕在塔顶的四周，分别面向东、南、西、北四个方向，另有四个较小的钟，每隔十五分钟，八个钟会一起响，威斯敏斯特宫北边的主钟重达十几吨，为整点报时之共鸣钟，同时也为英国 BBC 电台报时用，被昵称为大笨钟，但这可不是一般的时钟喔。

大笨钟由建筑师 Charles Barry 设计，乃是新国会大楼的一部分，钟面直径为三十尺，皇家天文学家 G.B.Airy 于一八四六年被指派负责监看新时钟的准确性，要求每一个钟点的第一响，误差只能在一秒钟之内，时钟的准确性要比照格林尼治的皇家天文台，每天以电报核对两次。

一九四一年,威斯敏斯特宫遭到大轰炸时,时钟曾出现一秒半的误差。

战争期间,时钟停过三次,一次是有只铁锤意外卡在内部机械内,另一次是在一九四五年,有根弹簧断裂,第三次是一个撞击构造在寒冬冻结。

听完一长串的大笨钟历史之后,女儿说:"那它根本不笨嘛!"

此时的我们坐在泰晤士河岸边长椅上,等待大笨钟敲响入夜的钟声舍不得回去睡,不久之后,大笨钟准确地敲响十二下钟声,毋庸置疑的是,此时,为了它,我们全家一起彻夜贪玩未归。

第4章

十一岁—— 50天德奥捷之旅

CHAPTER

贝希特斯加登的方形奶奶

旅人通常要在奥地利的贝希特斯加登（Berchtesgaden）或萨尔斯堡两个城市中择其一，作为去拉姆绍（Ramsau）、盐矿（Salzburgwerk）、国王湖（Konigssee）、鹰巢（Eagel's Nest）四个著名地点的根据地。

经过我的细心规划，决定在位于德奥边境的贝希特斯加登住宿一晚，萨尔斯堡则住宿两晚。

我原先是希望在贝希特斯加登住两晚，然而当时的Google map（网路地图）还没有像现在似的有这么多资讯。而且民宿主人不会回英文信，所以沟通不太方便，用翻译器我只能大概知道民宿离我们要前往的景点都很近，但我担心民宿的位置太偏僻，才改成只住一宿。

离开国王湖后，突然下起了倾盆大雨，我们虽然照着民宿的指示走，但突如其来的大雨让我们费了好大的功夫，才找到这间位于巷内的民宿。

民宿女主人领我们到阁楼的房间，木制的阶梯被她丰满的身躯踩得嘎嘎作响，我们很担心老旧的阶梯禁不起我们的重量，但老奶奶老神在在地领着我们到阁楼专属的浴室，并介绍各项设备的使用方法，她和蔼可亲地叮咛我们先把淋湿的身体擦干，换上干爽衣物。

老奶奶丰硕的身体比手画脚地介绍民宿环境，一边比手画脚，一边说着我们听不懂的德文，虽然我们听不懂，但她在我们心里留下了慈祥热心的印象，我们仿佛回到阿嬷的老房子，有种亲切熟悉的感受。

女儿说："这位奶奶好可爱，比手画脚的样子也好好玩！而且全身都长得方方的。"

后来我们就称民宿的女主人为"方形奶奶"。

由于我们到达民宿的时间比较晚，洗完暖和的澡后，又舍不得离开温暖的阁楼，所以都没有遇见其他房客。直到第二天早上，才被楼下满是用早餐的德国人吓了一跳。原来这是家内行人才来住的热门民宿，地理位置很好，自助早餐也非常丰盛。不仅有各式水果，搭配现烤玫瑰面包的火腿和芝士更是美味，还有自制抹酱，有的味道很像鹅肝酱更是深得我心，可惜的是我们的食量太小了。而且退房后，在晴朗的早晨才惊觉民宿外的晨色如此恬静细致，绿油油的景色层次井然，真是为只留宿一夜而深感惋惜！

德奥边境国王湖上当船长

在德国的南端游国王湖时,船长有一项绝活,当船开到某个定点时,他会熄掉引擎,拿出闪亮亮的小号,站在紧邻湖面的船边,吹奏一些单音,让大家听听从深远的湖水传来的回音。

船长会接着吹奏几小节的乐谱,我不太清楚他到底吹了多少音符,只因曾鼓舞女儿此时要跟船长秀一首"高音直笛"乐曲!但到了当时却非常希望女儿忘记这回事了,觉得在众人面前吹高音直笛很难为情。

没想到女儿在我还未出声制止前,就勇敢并落落大方地走向船长,她穿过来自世界各地的游客,来到船长面前,挥挥手中的那把破旧的高音直笛,对船长说"May I!"

我害羞地坐在位置上不敢有大动作,但一方面又担心她跌到船外,另一方面,我坚强地拿起相机远远拍她,在微微摇晃的船上录了一段后，我扫视船里的外国人，原以为大家会取笑女儿，没想到大家却一脸愉悦，专心地听女儿演奏直笛，仿佛把这个小孩子的演奏当作难得的机会，甚至将小费投入船长拿来的容器里。

看到大家不介意女儿的演出，我放松了片刻，但没过多久没觉得女儿似乎太自我陶醉了，怕占用大家太多时间，老公和我很想对她说："够了！够了！快回来啦！"

好不容易，女儿终于心满意足地结束演出，步下阶梯，此时如雷贯耳的掌声和赞美声竟随之响起！

看到女儿满脸的笑容，我也受到人群欢声雷动的感染，对女儿露出钦佩的眼神。这时，麦克风传来导览先生的声音："She may share the fee with the Captain."（她可以分享船长的小费）

我们不想有这样无价的回忆，还贪心分享船长的小费，我连忙摇手说："No！No！No！"

导览先生说："Then she should be the Captain for a while at least！"（至少她应该享受一下当船长的感觉！）

我五味杂陈地带着相机,和女儿一起到船长的驾驶位置,船长请她坐下,并让她掌舵,还把自己的帽子戴在她的头上,船上的人群又传来一阵欢呼。

奇怪,怎么完全没有人担心自己的安危?

Salzburgwerk,游客要记得这个字,因为到了这里,才能看懂盐矿的指标,在这里看到长长的队伍,不用怀疑,跟着队伍排队买票。我买到票后,等了好一会儿,才轮到我们进入参观。

等候的时间很长,不甘无聊的女儿吹奏高音直笛打发时间,吹着吹着,突然说:"妈咪,借我帽子。"

跟女儿颇有默契的我立刻意会说:"你真的想这样做?"

女儿兴致勃勃地点头说:"当然!不然现在能做什么?我会按照妈咪的方法付租金,赚到第一欧元付三十分,赚到第二欧元再付二十分,之后的租金免费。"

我为了激励女儿,定出复杂的租税制度。想借机给女儿成本的概念,希望她了解没有不用本钱的生意,虽然是偶然间提出,但制定租税制度的时候我可是用尽心思呢！

就在女儿决定要这么做的时候，我反倒犹豫不决，还假借理由催促女儿："算了啦！我怕错过参观时间。"

抵不过女儿的再三要求，我取下帽子给女儿，却又推说少了帽子会冷，要去车上休息，比我更怕羞的老公忙掏出车钥匙说："走吧！老婆，我们一起回车上。"

我俩懦弱地躲回车上，勇敢的女儿则自在地把帽子倒放在地上，我们所在的车子离她有一小段距离，我看得出女儿就像要上台表演一样，她先调整呼吸，然后她当起街头艺人，路边献艺赚钱！

女儿吹奏着她会的几首曲目。吹到第二首的时候，有一家人来到女儿面前，父亲蹲下来跟他的小孩说话，然后给小孩一欧元，他的小孩便走上前，将一欧元的硬币放进我的帽子里，女儿向他们行礼表示感谢。

这家人离开后，女儿继续吹着笛子，约莫过了五分钟，老公想下车阻止女儿继续吹奏，老公才刚推开车门，女儿身边又聚集一些围观人潮，我们若在此时出现，更不好意思！

于是老公轻轻关回车门，勉强坐回车内，一位妈妈在孩子耳边说几句话后，她的儿子也在帽子里放入一欧元的小费，并崇拜地看着女儿。此时人群散去，我便要女儿快快收摊。

我问女儿："你觉得他们的爸妈都跟孩子说什么？"

女儿说："我听不懂他们的话，但如果我是小孩的爸妈，一定会说：'不用功读书的话，就会像这位姐姐一样，流落街头赚少得可怜的钱。'"

我连忙回说："才不呢！我会跟孩子说：'那位姐姐好棒，以后你也可以试一下体验街头艺人的生活，妈咪给你一欧元，若你也觉得姐姐很棒，就把钱放进帽子里鼓励她。'"

我还称赞女儿很有胆识，所以我不收借出帽子的租金，女儿马上说："真的！那我可以把这两欧元转赠给别的街头艺人，或捐献给教堂吗？"

面对这么有同理心的女儿，除了点头，我还能说什么呢？

到法国、瑞士等地旅行，无论去到哪里，在青年旅馆里用餐时，常见到德国的孩子在饭后自动拿抹布擦桌子，我想这和政府规定家长教育子女的方式有关，他们依照孩子的年龄，规定孩子做不同的家事，甚至要求父母监督掌控子女做家事的时间。

德国人习以为常的做法，跟我们相差很多，台湾的父母总是为孩子做家事，所以，我们不妨改变一下，平时多让子女做家事，训练孩子照顾自己的能力吧！

他们都不收我家那些钱

如果要我建议第一趟自助旅行该去哪里，我会建议去德国，尤其是带着孩子的家庭旅游。德国人的优点是他们的民族性，他们按部就班的特性使得生活很有秩序，性情也很朴实，所以在德国的旅客会很有安全感。

在德国住宿的时候，你会发现，即使是整理房间的服务人员，无论饭店是五星级或一星级，甚至是民宿，铺床的程序几乎是一模一样。

或许德国人容易给人不知变通、不苟言笑的刻板印象，但是，对于人生地不熟的旅客来说，这是在德国旅游的好处，凡事都一板一眼很有秩序，让旅客可以放心地在此地游玩。

在德国搭火车或公车，不会有罢工的威胁，每一班车都准时到达，并且按时出发，班次也很少会有变动，一切都照规矩来。如果在火车上被其他乘客的行李撞击到，还会遇到目击者主动出示证件请你抄下资料，表示愿意为你日后的需求出面作证，可见这是个讲道理的国家，所以不容易发生纠纷，除非自己耍赖。

在德国骑脚踏车，前方的置物篮不必特别盖住，停放脚踏车也不必上锁，走在马路上也不用担惊受怕，但是在高速公路上却可以时速无上限地狂飙，你说奇妙不奇妙？

德国人朴实的民族性，让我们不会看到人性贪婪的一面。你不会看见油嘴滑舌的商家，他们的一切收获都是诚实付出劳力所得，不会投机取巧，所以，在德国的餐厅用餐，或是在民宿过夜都让我们感到舒适安心。这是一个让我们可以身心放松的旅游，而不必防范宵小的国家。

贝希特斯加登是观光业兴隆的小镇。女儿很喜欢的方形奶奶就在我们退房的时候，主动退回五欧元，居然只因为我们住的是阁楼，认为阁楼空间小而退钱，但我们一家人都觉得位于顶楼的阁楼是视野最好的房间，应该会比较贵才对。

乌兹堡（Würzburg）的民宿主人一见面就跟我们说Sorry，因为他并不知道女儿长这么高，若不是德国人给我的印象是很老实的，我一定会误会认为他怀疑我们是为了减少房价而谎报女儿年龄，其实，民宿主人是在抱歉所给的房间太小，但令我们更惊讶的是，当我们看到房间时，发现房间非常宽敞舒适，真是不能理解为何民宿主人要说抱歉？

在德国，如果有住宿优惠，不必担心忘了将优惠证明带在身上，或是付款时，一时忘记优惠而以原价付款。

那天在德勒斯登（Dresden）街头，发现忙乱中忘记拿青年旅馆该找回的五十欧元时，女儿在旁边提醒我："妈妈，你不是说找回的钱要当场点清楚，还说银货两讫，恕不负责的？"

我自信地回答女儿："但是，现在是在德国耶！"

事后向旅馆提出，他们便追根究底据实退钱给我，还因为找钱的疏忽而九十度弯腰致歉。

在朴实的国度旅行，颠覆了我给孩子的交易观念；在德国旅游因诚实而如此放松自在，而且德国有很多家庭旅游的优惠方案，所以我才会极力推荐，德国是一个很合适全家扶老携幼，轻松自主旅行的国家。

我们挟持了你老婆

从第一趟旅行开始,便有个问题一直困扰着我,那就是如何问路比较容易到达目的地?

本来觉得问路最困难的是语言,或是人们是否愿意友善地告知。然而,当我们在新西兰时,人们都很热心地告诉我们正确的路,但由于人烟稀少,却可能会有找不到人问路的窘况。

最惨的经验是,当我们好不容易在偏僻的地方遇到人,问路的时候却常常似懂非懂,车子开走后,想问路却不知道下一个遇到的人会在几公里之外。因此,每次问路都想说不能再听错了,然而一行人还是经常会错意,还好新西兰路况好,标示也很清楚,问路的情况较少出现。

去英国旅行前,我就听别人说不要随便问英国人"where is the ……"所以我在出国前把所有路线资料准备齐全,但还是难免会有需要问路的时候。

话说我们在英格兰与威尔士边境的切斯特(Chester),原先计划在火车站的行李柜寄放行李,行李柜竟然全都被锁了起来。

我们问了火车站里的一位绅士,他沉思了一会儿,热心地描述半天,最后还好心说要带我们去放行李,我们全家拖着沉重的行李,跟着这位绅士来来回回地找行李柜,绕了好久,直到拖着行李的手累到酸痛难耐,这位绅士突然停下来说:"Sorry, I can't find."(抱歉,我找不到。)

原来他根本不知道何处可以寄放行李,只是"非常有风度地"带着我们四处找找,碰碰运气罢了。

有了前车之鉴,我们全家前往语言沟通更加不易的德国、奥地利、捷克之前,我便把交通资料查找完备,为了以防万一,我还带上了纸和笔,这样一来,可以让对方画出简易的地图。没想到,我们每次向对方问路,对方都不太愿意画图,他们用德语夹杂着英语回答我们,结果,当然又迷路了。还记得在德国黑森林的时候,我们一直在找预订的图宾根青年旅馆（Tubingen），问了好几个路人，还是一直找不到。

　　眼看天色渐暗，我们仍没找到旅馆，心想我们一家人可能得夜宿车上了，却突然看见一对夫妇在堤岸附近散步，我抱着一丝希望上前询问，妇人的先生拿着一串钥匙似乎要去开车，只会说德语的太太，对着我们比手画脚，表示要开车带我们去旅馆。

　　我虽然很高兴这对夫妇知道怎么去，却怕我们会跟丢这对夫妇，所以我请求妇人坐我们的车，以免夜晚的道路视线不佳，一旦跟丢，我们会露宿街头。于是，妇人坐上我们的车，并且告诉我们该怎么走。没多久，我们便到了旅馆门口。原来，我们刚才是被堤岸挡住视线，才一直找不到旅馆。

　　下车后，我们向这对夫妇致谢，他们挥挥衣袖，潇洒地离去。

　　我心想，这对夫妇不仅古道热肠，也很大胆，完全不怕我们可能会绑架太太，但给我们留下一个"第一次把别人的老婆挟持上车"的回忆。

我们第二次挟持别人的老婆，是在盐矿之行的时候，而且这次我们连她的大儿子与小女儿都一起"挟持"上车。

在排队购买盐矿门票时，我研究着该不该买套票，于是决定请教排在我们后面的一家人。他们很友善地面露微笑，我用英语与他们一家人交谈，原来这一家五口带着一条大狗和一位老母亲，浩浩荡荡从德国西北部缅芝到南部旅行。这是他们第一次"远征"到南部，远道而来的他们打算买套票，各个景点都不想错过，于是我也跟着他们买套票。

我们两家人结伴往制盐工厂出发时，我发现他们开的车很小，而且车龄看起来已是超过十五年的老车，这么迷你的车竟然要乘坐下三个小孩和三位大人，外加一只大型的拉不拉多犬！

既然我们两家人的目的地一致，我们可以帮忙"载客"，我让他们家的太太搭我们的车，但她得随时照顾小女儿，所以小女儿也笑眯眯地自动跟上来，这位太太也请求我们让她的大儿子同车，因为她想让不愿意学英文的儿子见识会说英语的好处。

一路上，这位陌生而兴奋的太太刻意用英文，咬字清晰地跟我们聊天，她要让孩子了解学会英文的便利，我家的女儿原本也不喜欢学习英文，但遇上这一家人，女儿似乎燃起学习英文的欲望。虽然不到十一岁的女儿总是自信地说："将来中文会是人类的共通语言。"

身处充斥诈骗集团的环境下，我们早已养成不信任他人的习惯，但这两次"挟持别人老婆上车"的经历，让我们感到庆幸，能够在互相信任的社会里生活，真的好幸福。

女儿也有不同以往的感受，人类竟然可以信任彼此到这种地步，在这种环境下的人们毫无畏惧，她看到了真正的无毒社会。

在布拉格上班的阿福

我们预计在布拉格住七个晚上,因为我们订的青年旅馆有第七晚免费的优惠,我们按照习惯,在前一个城市吃过丰盛的晚餐后,才启程到布拉格。

太晚到布拉格其实是很危险的,布拉格是整个捷克治安较为堪虑的地方,扒手很多,并隐身于稠密的观光人潮中,利润高的生意总是不乏特殊工作者。

我们入境布拉格时,已接近天黑时分,在陌生的车站,三人拖着行李,置身于人群中,想必是相当显眼。

"肥羊出现!"

可以想见,我们一下火车就有人会打pass(暗号),暗示着生意来了,这个部分我不愿对女儿讲得太深入,我只跟女儿描述布拉格有"某种特殊行业"之工作者。

我们在火车上就说好对策,一下车,三人便采犄角之势,我和老公从左右两边夹着女儿,互相注意四周的可疑者，并不时大声地以国语、闽南语提醒彼此。

"老公！你的左手有可疑的人！"

"阿母，我的四点钟方向有怪叔叔！"

"老婆，花衣人已走开，状况解除！"

三人原本紧张的情绪被彼此夸张的提醒逗得哈哈笑，这么搞怪的一家子，特殊行业工作者大概会被我们吓跑。于是自认经验老到的我们，晚上还跑到布拉格旧城广场四处悠哉地夜游。

每趟旅行我都会告诉女儿，她可以自由购买的纪念品额度是多少。若女儿喜欢的纪念品价位太高，可以和我们商量能不能买，女儿知道每趟长途自助旅行的花费已经很多，所以她从不要求购买太多东西。

在新西兰只买了一只可脱衣的绵羊；英国则买了一条银项链，还有一顶后来在英国约克就遗失的帽子；在捷克除了七彩笔、水性彩色笔之外，只买了一支在布拉格上班的"阿福"。

到底谁是"阿福"呢？通常在布拉格国家剧院看了木偶剧之后，女儿大多会喜欢大型的或是巫婆类的木偶，但是她觉得这些木偶都太贵了。

那天我们去逛旧城边的传统市集哈维尔，女儿跟老板娘议价了老半天，选购了一个木偶，木偶外形是一位上班族老先生。

我心疼女儿舍不得选其他造型更花哨的木偶，再三确认她真的不选别的木偶吗？

女儿贴心地说："阿福很好呀！我很喜欢。"接连几天女儿都背着阿福出门，用餐的时候还将阿福从背包拿出来，跟我们一起吃饭，我提醒她："这样带来带去，会不会不小心把阿福折断？""我会更小心的，总不能就自己出来，把阿福一个人关在箱子里。"女儿爱惜地说。

如今女儿已经是个高一生了，我每次看到她整理房间时对年老的阿福依然疼爱的样子，都感到很欣慰。我一直以来都不会随意买礼物给她，这一份来自于自助旅行的礼物，是女儿自己千挑万选的，我相信她会把"在布拉格上班的阿福"保存很久，并永远记得旅行中美好的记忆。

帕绍的豪爽农庄主人

我们想要在德国、奥地利和捷克的边境,多瑙河、因河、伊尔茨河三条河流汇集处的帕绍,聆听由一万七千三百根管子组成、全世界最大的教堂管风琴演奏的音乐。

帕绍的音乐飨宴安排在此趟旅行将尽之时,全家回慕尼黑前的最后一站。

第三趟长途旅行,我家挑战长达五十天在外旅游的日子,在我安排旅游行程的过程中,一直有股冲动,想把每个停留城市的住宿时间拉长,也想去更多的景点和城市。这些冲动也使得我们成功地去到柏林、德勒斯登、莱比锡等,它们都是接近布拉格的城市,但是离我们入境的慕尼黑却很远。

回到慕尼黑之前,我们先在德、奥、捷边境的帕绍停留一晚,这里环境清幽,正适合经历一趟长途旅行的我们好好喘口气，消化旅途中的所见所闻，次日一大早再依计划，自近郊开始深入探访慕尼黑。

搜集很多住宿资料后，我订到一间小农庄，距离帕绍火车站约五公里，位于一个小车站 Neustift 的旁边，抵达当地后，才发现我们选择 Gasthof Schafer 作为这趟旅行接近尾声的重要补给站，是多么幸运的一件事。

那天，我们在帕绍下车后，拨电话给民宿主人请她来接我们，大约五分钟后，一位亲切的德国太太就已停好车在我们面前。

到了小农庄后，民宿主人说了一串德语夹杂一点英语，她请我们在餐厅坐一下，不久后，她送上两大杯啤酒与一杯果汁，我们假装客气地推说我们没有点饮料。

女主人用德语向我们解释，但我们听不懂，索性问她"How much?"想确定这些饮料要付多少钱。

女主人比手画脚地以德语解释，我从她豪迈的肢体语言中，猜她大概是说，房间还没有准备好，所以要请我们喝饮料稍待片刻。

我张开双手，摆出欢迎的姿势，说："We are at

Bavaria!"（我们在巴伐利亚了！）

老板娘很高兴我终于懂了她的意思，她随即豪爽大笑，并重复地说："Yes，Bavaria!"接着，我询问等会儿若要去帕绍街上走走的话，能否请她的先生送我们，再约时间接我们返回民宿，然而，这一切竟都是免费的！

傍晚，逛完帕绍的宁静老街，到过三河汇集的河岸后，我们在微雨中等候男主人来接我们返回民宿。踏进民宿大门才知晓，每到晚上的民宿餐厅总是座无虚席，每张餐桌都坐满来此欢乐饮酒的巴伐利亚人，所以老板娘跟员工们忙得不可开交！

这家B&B（度假旅馆）充满着浓厚的人情味，民宿的巴伐利亚风格，不用我说也可以想象，次日我们的早餐，想必是充满Bavaria风格的豪迈与丰盛。

在即将离开巴伐利亚邦的我们，这时才真正体会人家说巴伐利亚民族豪爽的真性情是如此模样。停留时间不长的我们，无缘在帕绍教堂如愿以偿地听到管风琴演奏，但是我们完全不觉得失望，反而感到很惊喜，虽然只是在小火车站旁的简朴旅馆留宿一晚，但在这里，我们体会到巴伐利亚民族的温馨与亲切。

在帕绍的际遇,让我们一家人都爱上了这个小镇!

旅行启动她学外语的机制

语言是人与人之间最便利的沟通工具，很多国家以英文为本国语，或当作第一外国语，因此，我们希望孩子能熟习英文。

处于英文的环境，是学习英文最事半功倍的方法，所以亲子旅游，无疑是激发孩子学习外国语言的最好机会。

女儿如果有想和他人沟通的欲望，就会产生学习语言的动力。在德国和奥地利主要以德文为主，在捷克时，德文也比英文实用；出国前，我先学习当地惯用的问候语，并记下常用的德文和捷克文单字，除此之外，如果英文不通时，还可以用身体语言，加上绘画等方法沟通，特别是在国外点餐的时候。

在德国和奥地利旅行期间，巧遇麦当劳"多样产品一欧元"的特惠活动，所以有一天下着大雨，我们开车经过麦当劳时，决定晚餐就吃麦当劳吧！

女儿饿得肚子早已咕噜咕噜叫，所以我把钱拿给她，要她去排队买汉堡吃，也顺道训练她用英文点餐的能力。她顺利买到汉堡后，吃得很开心，虽然国外的麦当劳汉堡和台湾的味道并没有多大差异，但她吃得格外起劲，凭着自己的英文能力买到晚餐，而且大胆尝试说英文后，发现英文好像没有想象中困难。

以德文为主的国家，并不是每间餐厅都有英文餐单，尤其是我们最喜欢去的餐厅，也是当地人常去的地道风味餐厅，通常没有准备英文菜单。每回我们点餐时，只会用记得的单字点猪脚、匈牙利炖牛肉(Goulash)或是鳟鱼。

有一次，我们在纽伦堡的市集广场，发现一间座无虚席的餐厅外的黑板上用德文写着几道推荐餐点，我请勇敢的女儿上前询问，黑板上写的是什么样的菜？女儿与一位穿着长围裙，有着一头浓密卷发和深邃眼神的男服务员交谈许久后，笑着回来报告说只听懂"noodles"（面）一字。为了鼓励她，我们其中一道就点了女儿说的某某面，送上桌的是一道超大盘带有辣味的面，除了用香料和橄榄油干拌，没有其他配料，这家以意大利菜闻名的餐厅，把看似普通的面做得非常好吃，我们吃得一点都没剩。

点餐的趣事不只一件，有一次在罗腾堡，民宿老板推荐一家餐厅，我们兴致勃勃地到餐厅，听侍者介绍了老半天，只听到一个熟悉的单字——beef，太好了，有牛排可以吃了！

上菜时，来的是一道牛肝做成的餐点！德国人也吃动物的内脏吗？我这才突然想到，德国人很爱吃猪肝和鹅肝酱之类的食物；民宿主人推荐的这间餐厅很棒，每道菜都很美味，虽然吃到的和想点的菜不同，但是只要选对餐厅，一样可以尝到美食！

当我们在德国南部购买盐矿的参观票时，在两种票的选择上犹豫不决，我询问在我们后面排队的一家人，其中一位妈妈说她也是观光客，不了解票种有什么不同，之后她的先生告诉我，他们会买家庭联票。

我问他们可否一起同游联票上的第二个地方？他们

很爽快地说:"没问题。"

后来才知道,联票所指的第二个地方是制盐工厂。必须开车到另外一个邻近小镇参观。那位妈妈为了当我们的向导,带着她的小女儿和大儿子搭我们的车。

车上,我女儿隐忍她的好奇心,静静听我和另一位妈妈的对谈,我们大多数的交谈她都听不懂,女儿和他们家的大儿子都不喜欢学英文,却羡慕我们两位妈妈以英文交谈的语言能力,我想,这两个孩子,也许会因为这次的相遇而产生学习英文的动力!

一向不肯用心学英文的女儿,看着德国人讲的英文似乎不难,而决定好好学习英文,盼望女儿下次在台北的街头遇见外国人时,不只会说:"Hello!""What is your name?""Where are you from?"三句话,可以多聊聊彼此的旅游经验,分享心得。

我们从德、奥、捷长途旅行回国后的某一天,十岁的女儿突然问我:"妈妈,我七岁的时候,我们去英国自助时,是不是遇到一位刚从中学毕业的姐姐?她好厉害喔,利用等飞机的时间,读原文版的哈利·波特。"

我回答说："没错！当时那位姐姐比你现在大五岁左右。"

之后，女儿就很认真地读哈利·波特的中文版，这是为了将来有一天，她能看懂英文版的哈利·波特，此时，从女儿的眼神，我看到她为了实现梦想的坚定。

女儿考基测的时候，英文获得满分，我相信是旅行启动她学习英文的机制，而她学习的动机正是在一趟趟长途旅行中不断强化的！女儿甚至想学法文，学法文是为了阅读一本书，那是在巴黎的凯旋门旅行时，买的一本关于拿破仑的书。

旅行不仅启动了我女儿学习语言的动机，相信也会在将来成为她不畏艰难，接受新挑战的动力！

纽伦堡里的家庭密会

住青年旅馆是长途旅行的省钱方式之一,每回我总是考虑周详,再选出最恰当的旅馆,而我们一家人在各地的青年旅馆都有很多美好与深刻的回忆。

城堡大道 (Burger street) 上的纽伦堡 (Nurnberg) 古城中心,有一家位于古城堡之内的热门青年旅馆,在此停留两宿的我们有仿佛住进历史古迹的激动体会。

我告诉老公和女儿,我们将在城堡里的旅馆度过父亲节。

房间里的设备很简单,有古色古香的原木床组以及书桌椅,最棒的是,房间位于顶楼,窗户面对着纽伦堡的建筑,眼前暗红色屋顶高低错落有致。这间视线绝佳的小房间,成了我们全家在纽伦堡的密室,而我们的家庭派对就在这城堡里的博物馆、中庭和城郭之间展开。

当时我们巧遇当地的嘉年华会,人人打扮成各种角色,在街头游行,我们在青年旅馆也遇到扮成各种造型的房客。嘉年华的扮装盛会让女儿感到非常新奇,她原本以为街上那些穿着奇异的游行人士是戏剧演员,但其实无论是谁,都可以扮装走上街头游行,成为嘉年华的一分子。

下着雨的纽伦堡,有很多观光客索性在城堡里的中庭歇息。一群观光客中,我看见一个德国的大家族,婶婶、舅舅、爸爸和妈妈带着两个孩子玩乐,两个孩子的爸爸教孩子玩丢硬币的游戏。女儿在一旁看得一脸兴味,我怂恿她加入他们一起游戏。我见女儿和他们玩成一片,也上前攀谈几句。闲聊过后,德国人认真的生活态度给我留下很好的印象,所以,我老是想不通,为何德国人曾是侵略者?

纽伦堡的青年旅馆地理位置很棒,我们在此地停留了两天,让我们可以悠闲地在古城闲晃,进而了解纽伦堡的美好。

纽伦堡保留传统制作香肠的方式,所以做出来的香肠迷你可爱。

德国的服务生身上有很酷的装备,往挂在腰上的小机器一按桌号,账单就会自动列印出来。

在德国逛面条商店可以免费欣赏精彩的包装秀;包装秀一点都不马虎,还有背景音乐陪衬。德国人用各种颜色或不同材质的纸,包装出具有各种巧思的造型,甚至将面条,酒和橄榄油包成礼物,作为赠礼非常美观又实用。在德国观看面条包装秀,让我不禁觉得,德国人连包装面条都这么讲究,真是认真的民族。

欣赏好几个包装秀后,我们买了一瓶这里的名产——圆瓶白酒,打算用来庆祝父亲节,我们正要带着酒回旅馆时,才想到我们忘记买另一样德国著名的产品——双人牌开瓶器。

我说:"如果刚好遇见有人在开酒瓶,就太好了。"

话才讲完,眼前立刻出现一男一女正喝着酒,男士喝的是啤酒,女士喝的是——白酒!

"Hello! Could you please help us to open this? Thank you!"(哈喽,可以请您帮忙打开这瓶酒吗?谢谢您!)

"No problem."（没问题。）

手拿酒杯的优雅女士，接过我的酒瓶，拿给旁边的男士，男士帮我们开好酒后，把酒瓶递给我。这段小插曲是旅途中碰到的惊喜。

这一趟旅行，我们并未购买什么纪念品，而纽伦堡唯一的纪念品正是这支充满温暖回忆的空酒瓶。

Ps. 这家青年旅馆有规定，不可在旅馆里饮酒，馆外倒是不受限制。

与陌生德国人网聚于柏林运河站

曾经有人参加网聚（与网友的聚会）被杀害，而在社会上引起轩然大波，所以，很多父母都会告诫子女避免网聚这样的危险活动。

同样是为人父母的我，认为参与正常团体举办的网聚无须过度忧虑，而且参加网聚的人也都是拥有共同兴趣的网友，聚会可以更了解彼此，也可以结交更多志同道合的好朋友。我平常会在旅游的论坛上，分享我的旅游经验，也会认识世界各地爱好旅游的网友。所以，我觉得只要是从事正当娱乐的网站，网聚未尝不是一件好事，不必过度恐慌。

我参加的网聚都很欢迎网友携家带眷地一同前往，彼此交换旅游趣事和心得，或共同规划下一趟旅行，互相提供旅游资讯，协助大家能顺利达成自助旅行的心愿。

要让女儿看到妈妈平时在线上聊天的网友，是真有其人，而且是一群积极乐观的人，可以顺道培养她对网聚的正确观念。

某天的半夜时分，我在网上预订在柏林的三晚住宿，事后，我担心遇到网路钓客，信用卡资料恐遭盗取，遂立即在网上请求网友支援。

我认识了一位素未谋面，但同为爱好自助旅行的网友罗先生，他介绍我与一位能说中文并居住于柏林的德国人通信，在他的协助之下，确认了我的预订已经被该旅馆接收，换句话说，我应该是在安全无忧的网站订到柏林的旅馆。

透过网友的帮忙，我感受到网路无远弗届的神奇力量，我们也变得日渐熟悉，甚至相约在柏林的运河站碰面。当时我们全家人已经在欧洲旅行超过一个月。我很得意，能够在这里与网友见面。

见到高大的德国朋友瑞喜时，我们就像多年不见的老友，自然地握手，我们相约一起游船，从聊天中得知，德国朋友瑞喜和罗先生，曾在老公的老家——基隆和平岛,来回地游过好几趟,如今瑞喜在柏林的博物馆里做研究,并翻译毛泽东语录。

在游船上,女儿好奇地问瑞喜这个名字的由来,瑞喜不疾不徐地娓娓道来:"我跟台湾的师大教授说,我的名字翻译成'拉屎'最恰当,但是教授想了很久,又说还是叫'瑞喜'比较好听。"

此时的女儿憋笑憋得很痛苦。

瑞喜问女儿:"马的单位跟狗的单位为何不能用一样的?我真是不明白,为什么你们的单位这么复杂,说一匹狗不对,说一只马也不可以,偏偏规定得说一匹马、一条狗,真是奇怪,你说对不对?它们是因为身材大小才有这样的分别吗?但是小姑娘你知道吗,有些马的身材比狗还小呢!难道小马就可以叫做一条马了?"

听到一匹狗和一只马的说法,女儿被逗得笑到肚子痛,而瑞喜还是气定神闲地继续说着,谁说德国人不懂得幽默的?

瑞喜为我们用中文导览了河岸上的建筑,我们好幸运能够与网友建立跨国的友谊,并且给了我们这么多帮助。

我感谢网友罗先生的慷慨相助,这样的友谊丝毫不虚假,而且弥足珍贵!

在雨天促成的小游戏组合，拉近我们与这德国家庭的距离。

用旅行
创投孩子的
未来

人骨教堂附近的餐厅有着可爱的拼图装饰，引发女儿童稚的想象力。

从地底返回重见光明的结论是:原来这么好玩。

这么温馨可爱的民宿,可惜只留宿一宿。

在三河交汇处,女儿荡着秋千,我们享受着徐徐吹来的微风,日子竟也如诗如画了起来。

不跟我们吃饭,阿福至少也要玩一下鸭鸭才行。

喔——腰间长出账单就靠这台!

既然明摆着一副语言不会太流畅的架势,女儿自然尽情描述一番。一阵阵笑声传来,今午吃啥马上见分晓。

一家人点了一份八根纽伦堡小香肠的餐,却体贴地送来了九根,谁说德国人一板一眼?

短短一天的留宿，没有太多言语交流，从老奶奶紧抱的大手便能感受到她与女儿的不舍之情。

与女儿一起坐在西元前150年的土耳其古祭坛上，我不禁潸然泪下。

德国人为顾客倒每杯啤酒的执着是连泡沫的高度都严格要求。

用旅行
创投孩子的
未来

我小小直笛立大功。

走出发现 X 光的实验室,走廊上父女俩的经典背影恍若伦琴夫人的倩影重现。

维也纳新酿酒馆里的省钱家

在外旅行不免有很多开支要计算，才能预估要预备多少旅游经费。

在维也纳餐厅如果想节省去餐厅用餐的钱，我建议大家不妨到维也纳森林，亦即在卡伦山(Kahlenberg)散步后，顺便到附近的新酿酒馆用餐，不但可以吃到道地的美食，还能喝到品质极佳的新酿好酒，最重要的是，价位绝对比在维也纳市区便宜。

从地铁站U2 Schottentor Universitat 旁搭Tram38 到葛林钦(Grinzing)下车后，大约走五分钟就可以到新酿酒馆了。我们到经济实惠又美味的餐厅Reinptecht 用午晚餐，它的地址是Cobenzlgasse22，下午三点半开始营业，用餐前后，可于餐厅附近搭38A路巴士到达维也纳森林，来回车程需一小时左右，散步时间则约需两小时，若是走累了，也可以在路上的小农庄歇息，喝杯新鲜牛奶配自制手工蛋糕。

回程在贝多芬散步道(Beethoven-gang)不远处，搭 Tram D 离开开卡伦山，到达山下，即可到有特别趣味的建筑参观，这是会让孩子们流连忘返的地方——百水公寓。

我们到达新酿酒馆时，酒馆才刚开始营业，所以酒馆里的客人不多，为数不多的客人中，有几位与我一样是来自台湾的同乡，加上之后进来的客人，一共只有三桌。我们吃着经济实惠的餐点，与同乡的台湾人谈天论地，此时，有两位那卡西歌手来到酒馆，演奏西洋音乐。

我们把歌手的现场演奏当作背景音乐，边吃饭边听音乐，食欲也增加了不少。接着，两位那卡西歌手竟然用小提琴拉出《河边春梦》和《茉莉花》等经典老歌，我们乐得掏出小费打赏给他们，我家最勇敢的女儿则从背包取出她的老旧高音直笛，也想来秀一首世界名曲！

两位那卡西歌手看见女儿拿出直笛，先是一愣，然后当女儿是来踢馆的警戒着，只见女儿泰然自若地站起来，走到两歌手面前，自顾自地吹奏宫崎骏卡通《风之谷》

的主题曲——《风之彩》,吹完之后回到餐桌边坐下。

女儿的举动让两位歌手感到有点尴尬,但因为酒馆的客人不多,他们索性跟我们聊起学音乐这件事情,劝我们不要忽略女儿的天分,要她继续往音乐的方向学习,后来更邀请女儿与他们一起合奏,但是女儿会的曲目很少,好不容易才敲定合奏一首《欢乐颂》,三个人以小提琴、吹奏键盘和高音直笛,和奏这首世界名曲,曲罢,在座客人均报以热烈的掌声!

事后,女儿的心得竟然是:"有我挺身而出,爸妈不必再付小费了。"

全家去维也纳森林散步,只是这趟五十天长途旅行的开端而已,女儿担心付太多小费而露宿街头,因此,钱不得不省着点花。我常常觉得在旅程中最厉害的省钱达人,非我女儿莫属!

被整也高兴的萨尔斯堡水泉宫

欧洲古王国的贵族生活浪漫惬意,有些更是极尽奢华之能事,证据来自知名的王宫和城堡,金碧辉煌的装饰家具、栩栩如生的画梁雕刻、构造繁复的建筑外观,此外还有以稀有彩色大理石建构的宴会厅、寝室、会客厅等,这些王亲国戚享受生活的历史,因着尚存的古迹让人感觉历历在目。

到萨尔斯堡若停留超过两天,一定要购买SALZBURG CARD,如果天数更多,可以购买萨尔斯堡盐湖区的SALZBURGLAND CARD。因为这种票所包含的行程更多,好好规划在萨尔斯堡的时光,如果计划得宜,这两张卡可以省下很多的欧元。

SALZBURG CARD所包含的行程,其中一个就是乘船游览多瑙河的沿岸风光,这是欣赏萨尔斯堡的另一种角度。那天我们上岸后,有一位帅气的巴士司机载我们前往著名的水泉宫,水泉宫是一座专为当时的贵族所建造的宫殿,每到炎热的夏天,贵族就会受国王之邀,来到这座宫殿避暑。

我知道水泉宫有一些机关,但我没有向女儿说破,只告诉她参观水泉宫的时候别太大惊小怪,要好好体验建造水泉宫的创意。女儿带着跃跃欲试的心情,配合导览人员的安排,坐在庭园的石椅子上。

帅气的导览人员用英语导览并介绍水泉宫,当他讲到庭园到雕塑创作与其渊源时,椅子突然有水柱冲出,直喷游客们的屁股,被弄湿的游客一阵尖叫。

除了我女儿之外,游客都被水泉宫的机关耍得团团转,要不是担心接下来的行程,实在不想告诉女儿这个机关的秘密——各式各样的喷水机关藏在雕像里、草丛里或栅栏边等令人意想不到的地方。

到水泉宫游玩,即使是在艳阳高照的季节,游客也能体验清凉的感觉,当时住在这里的国王,一定曾躲在楼上的起居室,俯视着这些被机关捉弄的人们,并且开怀大笑!

异于其他庄严肃穆的宫殿，水泉宫让女儿感到最不可思议的是，以前的国王真的会捉弄那些穿着高级服饰的贵妇或绅士，将他们淋成落汤鸡，虽然是高高在上的国王，却很爱恶作剧呢！

水泉宫之旅，让女儿见识到宫殿里神秘而大胆的机关，想必她的脑子里也增添不少古灵精怪的创意。

乌兹堡的 X 光实验室

有一天,我们在乌兹堡,预计前往乌兹堡主教宫殿、豪格教堂和圣母玛利亚教堂。

前往景点的路上,我们经过一间实验室,这间实验室是当初发现 X 光(X 射线)的地方,第二次世界大战时,实验室被战火摧毁,但是珍贵仪器被妥善地保存下来,并于战后在原址上重建实验室,所以我们才能在发现 X 光的地方缅怀一番。

德国科学家伦琴(Wilhelm Röntgen),于西元一八九五年进行阴极射线研究时,无意间发现 X 光的存在,这个发现让伦琴拍摄出人类史上第一张 X 光照片,而他的妻子就是这张 X 光照片的主角,至今一百多年来,X 光一直是西医与警政常用的科技。

我们一家子不敢相信,这座城镇里,有这么一个对人类如此意义重大的实验室!

我们在这间没有其他人在的实验室里驻足良久,参观 X 光的历史沿革,走出实验室时,我望着女儿与老公的背景,突然感觉自己像是走在时光隧道里,过去的历史这么的靠近又这么的遥远,如此真实又如此梦幻!

不经意地探访,让女儿加深对科学家的尊敬,她对伟人的仰望与敬佩会在她的心中种下一颗巧妙的种子,一颗认真、勇敢又充满智慧的种子,身为母亲,我期待这颗种子在女儿的心中发芽并茁壮成长。

在乌嬷厨房吃早餐

找寻适合的住处是自助旅行的乐趣之一，也是苦处之一。

为了能顺利地完成旅程，我总是费尽心思地在出发前预订好所有的旅馆，比较热门的旅馆还得提前半年敲定日期，并在出发前做最后的确认，全家才能安心出发。偶尔我们也会依照停留时间，到当地再决定在哪间旅馆过夜，这种随兴的方式自有其乐趣。

还记得我们到德国与瑞士共有的一个湖游玩，湖的南边属于瑞士，瑞士人称为波登湖，湖的北边属于德国，德国人称为康斯坦兹湖，我们开着车沿湖的南边走，想到北边德国的米尔斯堡，后来，我们索性连人带车地搭渡轮到对岸。

米尔斯堡的小镇就在湖边，地势高风景高，来此度假的观光客不只有外国人，本地的德国人和瑞士人也不在少数，当地旅游的价格自然水涨船高。虽早有耳闻，但今天实在走得很累，我们决定就近找一间平价的旅馆歇脚。

为了节省时间，老公跟女儿一组，我们兵分两路找寻旅馆，但都无功而返，就在我们以为只能多付钱住昂贵的旅馆时，一间看似一般住家的民宿突然映入眼帘，站在门口迎接我们的是一位老太太，这间的价位与亲和力我们都很喜欢，所以，我们决定今晚就在此处落脚。

民宿位于空气清新、景色怡人的小镇，从房间的另一个门走出去，是一片葡萄园，穿过葡萄园就会看到美丽的康斯坦兹湖。傍晚我们还能到湖畔散步，享受奢侈的美景，用这么便宜的价钱在这里度过一晚，是我们始料未及的。住在此地，能让我们悠闲地体验这里的幽静，真是好幸运呀！

早上在民宿醒来，我们被带到厨房，原来我们吃早餐的地方就在民宿厨房的边桌上，紧靠着墙壁，虽然显得有些拥挤，却能享受刚出炉的玫瑰面包，老太太还准备了火腿、起司、果汁和咖啡等。

老太太用充满皱纹的双手，从烤炉取出面包。我们吃着老太太做的面包，感觉这是出国以来最温馨的一次早餐，女儿也吃得好高兴，她对老太太说谢谢，亲切的老太太也让女儿称自己为"乌嬷"，"乌嬷"在德语是老奶奶的意思，女儿学会后不断重复说这句德语，"乌嬷Danke!"（Danke是德语谢谢的意思）

我们要离开民宿时，乌嬷送到门口处，并且用锡箔纸包着一个玫瑰面包送给女儿。我们回头看着斜倚门扉的"乌嬷"，全家都想着同一件事——好想在这儿继续住下去。

七月在希特勒的别墅打雪仗

我在第三趟长途旅行中,安排了一个比较严肃的历史主题,就是有关纳粹党(Nazi)屠杀犹太人的史实。

为了让年仅十岁的女儿了解这段残酷历史,出发前的两个多月,我特别对女儿讲了电影《美丽人生》的故事,这是一部由意大利国宝级大师罗贝多贝里尼自编、自导、自演的电影。

内容叙述一位犹太父亲在遭到纳粹迫害时,如何发挥他最大的韧性与幽默感,机智地保护孩子免于恐惧甚至遭受屠杀。

简述完故事之后,我想再过一阵子才让女儿观看电影,观看电影的时候也要陪在女儿身旁解说。之所以大费周章,是担心女儿看了电影后会受到惊吓!对她来说,有一个民族曾经如此残酷地迫害另一个民族,是很不可思议的事。

在德、奥、捷的长途旅行中，我们参观一处集中营的保留地，考虑女儿当时的年纪还太小，因此我选的位于布拉格西北边的 Litomerice，在这里我们参观了会放出毒瓦斯的洗澡间和阴寒的枪决处。

另外我还安排一处与希特勒有关的景点，那是位于贝尔特斯加登附近的 Kehlsteinhaus，这栋位于山上的建筑物，是一位将军送给希特勒的生日贺礼，作为他的别墅及指挥所，外国人称为鹰巢 (Eagle's Nest)。鹰巢的地点相当隐秘，第二次世界大战时，曾遭联军误以为是希特勒躲藏的地点。

参观鹰巢那天，我们很早就吃完早餐，八点半完成退房手续后便开车前往车程约十分钟的鹰巢售票处，当时天空下着雨，我的内心颇为担忧，天气不佳，开往鹰巢的专车恐怕会因惯例停驶。

我们幸运地搭上九点出发往鹰巢的首班公车，当时售票处显示山下的温度为摄氏九度，山上摄氏二度。在一车愉悦的观光客中，我们是唯一的黄皮肤，车上的导游小姐来自奥地利，操着一口标准的英文，她告诉我们山上正在下雪！不敢相信在七月的北半球小山上，竟然会下雪！我以为自己听错了，询问后座一脸兴奋、来自美国南加州的游客，她点头回答："Yes,it's snowy！"

下车后，我们先预订回程车次，接着在大雪纷飞的天气里，进入一条长长的隧道，然后搭乘一部不易被发觉的电梯。这里设备都非常隐秘，不知道当时希特勒喜不喜欢这份礼物？

从电梯出来后，我们来到一间有火炉的大厅，从大厅窗户望出去，尽是白蒙蒙的一片。大厅的另一头是间慕尼黑皇家啤酒屋餐厅，要不是今天的行程较为紧凑，我们必会在希特勒宴客的山顶餐厅里，享用特别的一餐。

走到户外，经过被雪覆盖的户外餐厅，一行人不畏风雪地走到制高点。制高点的十字架被白雪装饰得更为冷峻高傲，拍了几张照片后，碍于风势和雪势颇大，大家只得离开这里。但当女儿欲走回室内时，突然遭到一阵猛烈攻击，此时的老公一手撑伞，一手丢出捏成球状的雪，宣示战斗开始！

女儿不甘示弱地回击应战，她抓起触手可及的雪，往老爸的方向进攻。不料,爸爸却不慌不忙地以伞作为掩护。

我替女儿嚷着:"不公平!老爸赖皮!"

希特勒于西元一九三三至一九四五年间执政,期间伤害无数人的生命,但在女儿将满十一岁的这年七月初,于海拔不到两千公尺的山上,回荡在白色山谷间的,是一家子打雪仗欢笑的声音。

德国的啤酒与果汁

说到欧洲,大家都觉得物价昂贵。很多物品确实是比台湾贵,像餐点或工业制品,价格之所以偏高是因为他们的人工比较贵。

为了节省旅行的开销,我们会尽量吃便宜的食物,例如:优格、牛奶、起司等乳制品,樱桃、葡萄、蓝莓等水果也比台湾便宜,还有猪脚、香肠和啤酒也不贵,而我每趟旅行必备的发泡锭(Brausetabletten)更是便宜。

到慕尼黑的第一天,我们到市郊小镇佛莱辛(Freising)观光,这个小镇以盛产啤酒闻名,现在已是慕尼黑科技大学一部分的 Weihenstephan(维森巴伐利亚州酿酒厂,最早是一座修道院),则是世界第一座啤酒制造厂,可见德国啤酒的历史悠久。

公元 1040 年,修道院里的修士们,用他们种植的蛇麻子(啤酒花),酿出全世界第一杯生啤酒,这杯啤酒的诞生，造就德国每年十月为期十四天到十六天的啤酒节，并因此带来超过八百万的观光人潮。

德国啤酒最令人赞誉有加的，不仅是生啤酒的美味，更是在供不应求的商机下，德国人仍坚持公元1516年制定的"纯净法则"。

五百年以来，德国人遵守仅以蛇麻子、酵母、麦芽以及水四种材料，酿造每一杯生啤酒，这就是所谓的"纯净法则"。依循这个法则，我们可以在德国各个城市，喝到不同品牌，各有特色的生啤酒，例如：班堡的烟熏啤酒(Rauchbier)、科隆啤酒(Kolsch)，还有皇家啤酒（hofbrau haus munchen）等，无论是哪家啤酒厂酿造的啤酒，绝对是谨守纯净法则，一板一眼地生产下去。

在德国旅行，每到一个餐厅，一坐下来就是先点杯生啤酒，但未成年的女儿只能点比啤酒贵的汽水、果汁或矿泉水，女儿总是不高兴地撅着嘴，为什么小孩喝的饮料比啤酒还贵？

事后，总是喝不够的女儿宁可在超市买大罐的芬达汽水，再分装带出，甚至整瓶带着，也不愿在餐厅点昂贵的汽水或果汁，真是精打细算的孩子啊！女儿最爱喝德国贩售的芬达汽水。芬达汽水在各国的配方不尽各同，我们在台湾喝的芬达汽水总是有股药粉的味道，在德国喝的芬达汽水却是香甜的水果味道。

生啤酒在台湾也能喝到，但在德国买比较便宜。而好喝的芬达汽水，在台湾可是喝不到的喔！因此女儿总是说："在德国多喝一点存在胃里。"

我发现在德国回收宝特瓶（PET瓶）很方便，又可以退回比较多押瓶费。德国的超市有自动辨识退瓶机，确认退瓶后，会打印出一张纸，这张纸等同现金，可以直接在超市花掉。

虽然在德国退押瓶费比较划算，但我们离开布拉格前往柏林时，只退了一罐汽水罐，因为我们实在太懒惰啦，将空瓶特地从捷克带回德国实在太麻烦了，只好作罢。

Lady, you first！

我们在捷克的契思基布达贾维（布节约维采），提前预定了三天的住宿，这三天正是布达贤维最热闹的 featival（艺文季），这段期间小镇里的旅馆总是一房难求。

捷克人虽以捷克文为主，但德文也普遍行得通。预订位于捷克的旅馆时，因为 Google 的翻译器还没有捷克文，于是我以德文订房，德文的六月 Juni 和七月 Juli 很像，民宿老板将我预定的七月 Juli 误会成六月 Juni，我们全家差点就因为没有房间而露宿街头。

我们到达布达贾维后，拖着行李走过长长的石板路，好不容易才走到民宿，民宿老板娘不仅没有因为弄错时间而表示歉意，反说我们没有按照约定的时间，于六月放她三天鸽子，现在民宿已经客满。换句话说，我们可能会露宿街头，于是我气得赖在民宿不肯走。

面临无房可住的突发事件，我们也不知道该如何是好，幸好碰到一位在资讯站上班的女员工，她协助我们寻找合适的旅馆，但是旅馆都是"无空房"的状态。这位女士为了维护观光胜地的声誉，用捷克文央求主管开放"秘密基地"让我们入住。接着，她带我们到资讯站附近的一栋公寓，并给予我们一天的住宿时间。

虽然第一天剩下的时间已经不多，但是当地美食与主要景点我们一个也没遗漏，只是少了些许悠闲的感觉。

第二天，我们在不得不搬出公寓的情况下，入住青年旅馆的男女混合八人房，与其他陌生的旅客共住一房。虽然很不习惯，但我们也别无他法，至于第三天该在哪里落脚，也只能到时候再说了。

第三天，我们在捷克买了很有名的七彩笔，那是和女儿说好要送给孤儿或清寒家庭孩子们的捷克名产。到了晚上，我们在售票亭旁边等待着森林旋转剧院的票开卖，女儿先把背包放在售票亭前面占位子，然后在附近一边休息，一边等待售票时间的到来。

奇怪的是，有不少人在售票亭的附近张望，却不见有人意欲排队，过了好久，一辆休旅车开过来，我赶紧呼喊女儿快去放背包的地方排队，女儿快速走到她的背包处并盘腿坐下。

有一群人从休旅车出来,其中两位留着白胡须的老先生拿着两张户外休闲椅子,他们也要来排队的样子,其中一位老先生,把椅子放下来时,以脱帽致意的姿势对女儿说:"Lady, you first!"

这时,排队阵势一字排开,人数暴增不少,但女儿仍是排队队伍的第一人,我们也买了三张森林剧院票。

我们买的是仅限现场购买的站票,因为座位票只要开卖不到几秒,便会被当地民宿老板抢购一空。我们原先也是抱着碰运气的想法,看看是否能买到坐在阶梯上的站票。

虽然我们买的是站票,但是观看舞台的视野很不错,最棒的是,坐在会旋转的观众席上是绝无仅有的经验。我们一家子,在这一房难求的小镇上,经历了很棒的旅程,让我们忘记有露宿街头威胁的沮丧心情。

如今,每每想起这段往事,我们都庆幸曾经到捷克的小镇旅行;还有那次的排队事件,总是让女儿得意地说:"他们对聪明、优雅的女生都好绅士喔!"

第5章
全家移动省钱有方法

CHAPTER

趁年幼机票省钱法

很多人会问，孩子几岁才适合出国旅行？孩子会记得旅行中的所见所闻吗？带孩子出国旅行会不会连累大人？怎样选择旅游景点让孩子可以乐在其中，大人也能不虚此行？这些问题，其实都跟孩子的年龄有关。

首先，随着油价上涨，机票越来越贵，燃料税和机场税也在增加，根据我的旅游经验，亲子出游的机票省钱法就是——趁孩子年幼时出发。

带婴儿出国旅游实在是太辛苦，所以婴儿的部分，我就不多做讨论了。绝大部分的航空公司都有贩售儿童机票，两岁以上的儿童机票会有不小的折扣，这样的优惠可以一直使用到十二或十三岁，至于折扣的幅度和孩子的年龄限制，每家航空公司的规定都略有不同，我曾经买划算的儿童机票带女儿飞到新西兰、英国、德国、奥地利和捷克，这些国家都是我认为适合带孩子去旅行的国家，不仅英文沟通无碍，也是治安较好的国家。

女儿初中毕业时，已超过十二岁，虽然超过购买儿童机票的年龄限制，但是孩子的成长是不等人的，所以我安排一次次的长途旅行，为孩子补充精彩的经历，而我也确实看见女儿到处旅行的收获，正慢慢地开花，准备结果。

女儿看见一张埃菲尔铁塔的照片，或是看到一部有关罗马竞技场历史的电影，感触也比其他人更深刻，我知道这是旅行效益在发酵，旅行中的所闻所见和生活体验也将促使她更勇敢地生活着。我相信女儿必能从总计长达一百五十八天的自助旅行中获取养分，并在适当的时刻，结出灿烂果实。

旅行需要很多体力，应该趁着体力好的时候出国旅行，如今我的体力已不如从前，之后若想要出国，必须将行程安排得更悠闲。无论如何，我会继续保持对旅行的热爱，不断地履行下去。

亲子几大包，租车轻松一下

全家出国旅行的时候，我经常选择租车前往各地景点，例如去公路路线最棒的新西兰，会在当地租车；德国南部公路上值得探访的景点很多，拖着行李搭公车不方便，我们也选择租车。

我家的第四趟长途旅行在法国，离开尼斯后，我们便前往普罗旺斯、波尔多和罗亚尔河流域的城堡区、布列塔尼、下诺曼底等，有太多值得探访的地方，为了节省交通时间，我再次选择租车。

我们选择在法国到处都有租车点的 AVIS 公司的车，协助我们取车的员工非常有礼貌且英文沟通流利，车子的状态也很新，自排、附冷气和天窗，座位跟行李箱也很宽敞，车款就是法国的品牌。

取车后，从尼斯开始我们的行程，沿路游玩到巴黎后，于枫丹白露还车，但是在枫丹白露接洽我们还车的小姐不会说英文，还好我们早有准备，虽然她不会讲英文，但我们知道她听得懂，便比手画脚地要求她帮我们在租车的合约上，注明我们还车的时间，以免有还车的纠纷。

要特别注意的是，国际驾驶执照要事先在台湾办理，如旅伴中有两位要轮流开车，就要各自办理国际驾照，并于租车合约上明示有两位驾驶，租来的车子使用完毕后，务必加满油再还车。否则，租车公司一旦查到客人未将油加满，就会从客人的信用卡，自动扣掉比原价还昂贵数倍的油资！

每间租车公司要求的还车时间都不同，有的租车公司允许约定还车时间外，有五十九分钟的缓冲时间，在时间内，不罚款也不必加价，我们在德国南部租的Sixt公司便有这样的弹性规定，但有的租车公司则要求必须在约定还车时间内还车，这点务必在出发之前弄清楚，才能拿捏时间还剩多少。

无论国内还是国外，开车要小心。不要违规、超速和乱停车，转弯要提早打方向灯，注意路权问题，并按照规定缴交停车费，这些都是通用的交通常识。

我们在法国的观光景点停车后，曾见到警察在停车场里临检，车辆若无付停车费，警察会立即开单处罚，所以大家不要心存侥幸。不过在法国，假日倒是常有免停车费的景点，若遇免停车费的日子，不要还傻傻地付停车费。

如果有需要过夜停车的时候，尽量停在旅馆的停车场，比较安全也有保障，下车前，务必收拾好车内物品，避免小偷觊觎，特别是导航设备，每回下车时，要不厌其烦地收藏好。总之，出门在外万事要小心，并多礼让他人。

火车通行证票价跟年龄有关

旅游的交通方式会因个人喜好与习惯而有不同，出国长途旅行的时候，我对交通的选择会因地制宜，所以一趟旅行中会使用到各种不同的交通工具。

在新西兰旅行，我选择开车，因为新西兰的公路风光很棒，也是通往各景点最便利的交通方式。在英国、瑞士、意大利、德国、奥地利和捷克，我们常搭乘大众交通工具。这些国家的火车和公车票价便宜，而且从外国来的游客可以购买优惠的火车通行证，通行证还有青年票的优惠。

火车通行证的优点很多：

1. 火车通行证的种类很多，可依旅行的天数与国家，选择适合的火车通行证。

2. 不必排队买票，便可以直接上火车。

3. 善用火车通行证有时比当地购买的火车票还

便宜。

我们在英国旅行前,上网搜寻"Go By Train",向信誉良好的飞达旅行社购买成人二等舱团体票两张,只要两个人就能以优惠的团体价格买票,女儿当时八岁,与父母同行可以免费,车票也因此省下一笔。

瑞士的火车通行证对同行子女也有十六岁以下免费的优惠,而且还包含各种额外的福利,例如:购买高山火车票可以打折,或有免费游湖、搭缆车等优惠,所以我们到瑞士、意大利、法国的长途旅行,也再次向飞达旅行社购买火车通行证,并询问更多繁复的优惠项目。

到底要不要购买火车通行证?

排队买车票所花费的时间已经很多,如果拿起笔细算每段车程所需的花费,便知道通行证划不划算。我为英国行买了可以连续十一天搭乘火车的火车通行证,虽然并没有搭到十一天,但总价还是比单程买票便宜很多,而且购买火车通行证省下的不仅是金钱,还省下很多"时间"。

各国的火车站通常都很大,月台很多,火车班次也很多，熙来攘往的旅客往往要花很多时间排队买票，如果有火车通行证的话，只要确定火车班次时间，就可以不用排队买票直接上车，省下不少时间。

火车通行证的选择非常多样化，可以选择搭乘单一国家的火车，或是两个国家以上，也可依照旅游天数选择票种，如果想搭乘的是比较贵的长途火车或特殊车种，例如：法国TGV或瑞士冰河列车，用火车通行证必定是会比较划算。

另外，我想分享使用头等舱票的经验。头等舱通行证的票价比较贵，但是头等舱的座椅、走道、座位等空间都宽敞许多，从威尼斯到佛罗伦斯的火车头等舱中，服务生会一个个询问座椅上的乘客需要什么服务，各式甜点、饮料、书报杂志等，也会一一送到乘客面前的桌上。

如果想要好好犒赏自己，或与情人独处，或只想放空观赏美景，建议购买头等舱的通行证，将旅游品质升级。

用旅行创投孩子的未来

查理士大桥上的悠扬乐声，带有几分傲气。

捷克小镇深巷里，两旁典雅的建筑与城堡仿佛童话故事中的场景。

看来导览姐姐有些担心我们的御寒装备。

小弟弟,谢谢你。

这样精致古典的风景画中，曾经有我们仨来轧过一角。

那天的黄昏，仿佛明信片上的风景突然浮现眼前。

主持人征求自愿者，女儿不但第一个自愿，还一脸兴奋的表情。

那年七月于大雪纷飞的鹰巢，没有冤情，只有欢乐。

住在古堡的青年旅馆，古迹跟荷包都顾到了。

跟一对日本母女在哈修塔特及维也纳的夏宫巧遇两次，缘分拉近了我们的关系。

在游多瑙河之前，对多瑙河的印象仅止于那首圆舞曲。

图书在版编目（CIP）数据

用旅行创投孩子的未来 / 林静宜著．－－ 石家庄：河北科学技术出版社，2015.2

ISBN 978-7-5375-7429-7

Ⅰ.①用… Ⅱ.①林… Ⅲ.①儿童教育－家庭教育 Ⅳ.① G78

中国版本图书馆 CIP 数据核字（2015）第 030403 号

《用旅行创投孩子的未来》，经稻田出版有限公司授权在中国大陆地区独家出版发行。

著作权合同登记号：冀图登字 03-2014-084

用旅行创投孩子的未来

林静宜　著

出版发行：河北出版传媒集团
　　　　　河北科学技术出版社

地　址：河北省石家庄市友谊北大街 330 号
邮　编：050061
印　刷：北京华联印刷有限公司
开　本：889×1194　1/32
印　张：6.25
字　数：90 千
版　次：2015 年 5 月第 1 版
　　　　2015 年 5 月第 1 次印刷
定　价：28.00 元